Simone Janson

D1993878

Umgang mit dem Arbeitsamt

Fit für den Job

- Was Ihnen wirklich zusteht
- Alle neuen Gesetze und Vorschriften
- Vermittlung, Weiterbildung, Selbständigkeit

Eichborn.

Für dieses Buch wurden alle Informationen gründlich und bestmöglich recherchiert. Aufgrund der noch nicht abgeschlossenen Umstrukturierung der Bundesagentur für Arbeit und den damit im Zusammenhang stehenden nicht eindeutigen und sich teilweise widersprechenden Informationen können Autorin und Verlag für eventuell auftretende Fehler, Auslassungen oder Widersprüche keine Haftung übernehmen.

Machen Sie mit!
Sie können helfen, das Buch zu verbessern. Sollten Sie Anregungen, Korrekturen oder Tipps für die nächste Auflage dieses Buches haben, freuen wir uns über Ihre Zuschrift.
E-Mail: *berufsstrategie@eichborn.de*

Umschlaggestaltung: Christina Hucke
Layout: Susanne Reeh
Satz: Fotosatz Reinhard Amann, Aichstetten
Druck und Bindung: Fuldaer Verlagsagentur, Fulda
ISBN 3-8218-5321-2

Verlagsverzeichnis schickt gern:
Eichborn Verlag, Kaiserstraße 66, D-60329 Frankfurt/Main
www.eichborn.de

Inhalt

Einleitung

Sie wissen es sicher aus eigener Erfahrung: Wenn Sie mit dem Arbeitsamt zu tun haben, brauchen Sie Geduld und Nerven. Doch damit nicht genug. Durch die jüngsten Reformen hat sich vieles für Sie, aber auch für die Mitarbeiter in den Ämtern geändert: Die *Bundesanstalt für Arbeit* heißt jetzt *Bundesagentur für Arbeit*, das örtliche *Arbeitsamt* wird nun offiziell *Agentur für Arbeit* genannt. Zudem gibt es jetzt so genannte *Job-Center*. *Agenturen für Arbeit* und *Job-Center* sollen für den Bürger die Anlaufstelle bei allen Anliegen rund um die Arbeit sein – ganz gleich, ob es um finanzielle Leistungen, Vermittlung, Beratung oder Weiterbildung geht. Wie die Organisation konkret aussieht, wird die Praxis zeigen, vieles ist noch im Fluss.

Neue Namen, schön und gut. Das Problem für Sie ist dabei, dass viele Mitarbeiter in den Arbeitsämtern selbst noch nicht wissen, wie die neue Organisation funktioniert. Gerade in der derzeitigen Umbruchsphase haben Sie also ein zusätzliches Problem zu bewältigen: den Umgang mit dem Arbeitsamt und mit der – verständlichen – Unsicherheit seiner Mitarbeiter.

Dieses Buch will Ihnen einen Überblick über die neuen Gesetze geben und Sie über Ihre Ansprüche auf Geldleistungen und Förderungen aufklären – und welche Pflichten damit verbunden sind. Es will Ihnen zudem zeigen, wie Sie beim Umgang mit dem Arbeitsamt erfolgreich vorgehen, wie Sie Ihre eigenen Interessen und Rechte durchsetzen, sich nicht von Paragraphenreitern abbügeln lassen und Ihre Energie nicht in den Mühlen der Bürokratie verausgaben, sondern sie für das einsetzen, was wichtig ist: einen neuen Job zu finden! Nutzen Sie also das Arbeitsamt gezielt für sich! Die Mitarbeiter des Arbeitsamts sind nicht Ihre Feinde, sie wollen Ihnen helfen – wenn sie es können. Genau deshalb wird Ihnen dieser Leitfaden sagen, an wen Sie sich im Arbeitsamt überhaupt wenden müssen, wenn Sie dort Rat oder Hilfe suchen.

Wer es genauer wissen will, dem hilft dieses Buch, weiterführende Informationen zu finden: etwa in Broschüren oder im Internet bei der Bundesanstalt für Arbeit, bei IHKs oder bei unabhängigen Institutionen. In jedem Kapitel werden weiterführende Publikationen bzw. Websites genannt. Vorsicht: Links zu Internetseiten können sich schnell verändern – und einige sind vielleicht nicht mehr aktuell. Machen Sie sich daher selbst mit der Navigation auf *http://www.arbeitsagentur.de* vertraut, indem Sie das entsprechende Kapitel am Ende dieses Buches lesen. Zu allen Themen finden Sie hier zahlreiche Informationen. Wer keinen Internetzugang hat, kann übrigens kostenlos die Computer im nächsten *Berufsinformationszentrum (BIZ)* nutzen.[1]

Auf alle Fälle wünsche ich Ihnen beim Umgang mit dem Arbeitsamt und bei Ihrer Jobsuche alles Gute und viel Erfolg!

Job weg – was nun?

Erste Schritte beim Arbeitsamt

Wenn Ihnen gerade gekündigt worden ist, sind Sie vermutlich erst mal geschockt. Eigentlich brauchen Sie Zeit, um darüber nachzudenken, wie es nun weitergehen soll. Auch wenn es schwer fällt: Verschieben Sie diese „Trauerarbeit" auf später. Suchen Sie so schnell wie möglich das örtliche Arbeitsamt (neudeutsch: *Agentur für Arbeit*) auf, um sich arbeitslos bzw. arbeitssuchend zu melden. Sie laufen sonst Gefahr, das Arbeitslosengeld für eine bestimmte Zeit gesperrt zu bekommen. Es gibt bestimmte Fristen, in denen Sie sich arbeitslos melden müssen:

- Wer fristlos entlassen wird, muss sich spätestens am ersten Tag seiner Arbeitslosigkeit (also am Tag nach der Entlassung) *persönlich* arbeitslos melden.
- Wer die Kündigung erhält, wegen seines Kündigungsschutzes aber erst in einigen Monaten arbeitslos sein wird, muss sich spätestens drei Monate vor Ablauf des Kündigungsschutzes arbeitssuchend melden. Gleiches gilt bei befristeten Arbeitsverträgen (Ausnahme: Ende der Ausbildung).
- Ist der Kündigungsschutz kürzer als drei Monate, können Sie diese Meldefrist natürlich nicht einhalten. Die Meldung sollten Sie sofort erledigen, wenn die Kündigung ausgesprochen wurde.

Wenn Sie die Fristen nicht einhalten, kann Ihnen das Arbeitslosengeld für eine bestimmte Zeit gekürzt oder vollständig gestrichen werden (mehr auf Seite 13 ff.). Diese „Pflicht zur frühzeitigen Meldung“ ist keine bloße Schikane des Arbeitsamtes, sondern hat einen Grund: Solange Sie den alten Job noch haben, gelten Sie als „arbeitssuchend“, nicht als „arbeitslos“. Ihre Chancen, neue Arbeit zu finden, sind jetzt am allerbesten – solange Sie noch nicht offiziell arbeitslos sind. Machen Sie sich das bewusst. Also: Keine Zeit vertrödeln. Nutzen Sie diese Möglichkeit für sich! Welches Arbeitsamt für Sie zuständig ist, können Sie einfach erfahren: Rufen Sie an. Die Nummern finden Sie in jedem Telefonbuch. Oder werfen Sie einen Blick auf *http://www.arbeitsagentur.de*, Klick auf *„Ihre Agentur für Arbeit“*.

TIPP

Verschenken Sie kein Geld
Wenn Sie wissen, dass Sie Ihren Job verlieren werden oder es bereits passiert ist: Melden Sie sich sofort persönlich arbeitslos, sonst drohen Kürzungen des Arbeitslosengeldes oder Sperrzeiten.

Übrigens: Die Umwandlung von „arbeitssuchend“ zu „arbeitslos“ macht das Arbeitsamt automatisch – darum brauchen Sie sich also nicht zu kümmern, die Bezeichnung wird automatisch geändert, sobald es soweit ist.

Wie ist das Arbeitsamt organisiert?

Auf jedem Arbeitsamt finden Sie im Eingangsbereich eine Informationsstelle – ob das nun eine offene Theke mit freundlich lächelnden Damen oder ein Glaskasten mit einem griesgrämigen älteren Herrn ist – und hier wird man Ihnen sagen, wo genau Sie hinmüssen. Leider sind die Arbeitsämter von Ort zu Ort unterschiedlich organisiert. In einigen Arbeitsämtern müssen Sie beispielsweise zu dem Sachbearbeiter, Berater oder Vermittler, der für den Anfangsbuchstaben Ihres Nachnamens im Alphabet zuständig ist, in anderen Arbeitsämtern sind mehrere Sachbearbeiter, Leistungsberater und Arbeitsvermittler sowie in der Regel ein Arbeitsberater zu einem Team zusammengeschlossen. Jedes Team ist für bestimmte Buchstaben oder ein bestimmtes Gebiet (z. B. Stadtteile) innerhalb des Arbeitsamtbezirkes zuständig. Welches Team für *Sie* zuständig ist, hängt also davon ab, wie Sie heißen oder wo Sie wohnen, und dorthin wird man Sie vom Empfang aus direkt verweisen. Bei jedem Besuch im Arbeitsamt gehen Sie wieder zu diesem Team – ob nun zum Sachbearbeiter, Arbeitsvermittler oder -berater. Einen Termin brauchen Sie übrigens in vielen Arbeitsämtern nur beim Arbeitsberater. Das bedeutet leider manchmal auch, dass Sie beim Vermittler oder Sachbearbeiter lange Wartezeiten in Kauf nehmen müssen, je nachdem wie viele Leute gerade auch da sind. Planen Sie die Besuche also nicht zu knapp.

Wer macht was in der Agentur für Arbeit? (Stand Januar 2004)	
Sachbearbeiter	„Papierkram" wie Arbeitslosmeldung, Anträge usw.
Leistungsberater	Sonderfälle/Probleme bei Geldleistungen (Alg usw.)
Arbeitsvermittler	Jobvermittlung
Arbeitsberater	Weiterbildung (Umschulung, Fortbildung), Training
Berufsberater	Berufsorientierung
Fallmanager	Alg II-Bezieher u. ihre berufliche Wiedereingliederung

In einigen Arbeitsämtern gibt es aber schon eine neue Organisationsform, die nach und nach überall eingeführt werden soll. Hier werden Sie vom Eingangsbereich aus nicht einfach weitergeleitet, sondern Sie tragen Ihr Anliegen hier erst einmal vor – das können Sie sich ähnlich vorstellen wie in einem Bürgerbüro auf dem Rathaus, wo Sie ja auch ohne Termin hingehen. Wenn die Sache schnell zu erledigen ist, z. B. wenn Sie nur eine kurze Information benötigen, sich arbeitslos melden oder ein Formular abholen wollen, können Sie das vielleicht schon hier erledigen. Für viele andere Angelegenheiten wie die Jobsuche werden Sie in den „Servicebereich" verwiesen: Hier gibt es neben den verschiedenen Sachbearbeitern auch Computer, mit deren Hilfe Sie sich informieren oder nach freien Stellen suchen können. Um Fragen schnell zu klären, können Sie mit der „Servicehotline" sprechen. In vielen Arbeitsämtern stehen Telefone bereit, aber natürlich werden Sie die Hotline auch von zu Hause aus erreichen können. Oder Sie müssen ganz klassisch eine Nummer ziehen und warten, bis der nächste freie Arbeitsvermittler für Sie da ist. Nur für komplizierte Angelegenheiten, u. a. wenn Sie sehr große Schwierigkeiten bei der Jobsuche haben oder eine Weiterbildung beantragen wollen, müssen Sie einen Termin mit dem Arbeitsberater ausmachen. Da das neue System erst in wenigen Arbeitsämtern eingeführt ist, bleiben wir erst einmal beim gewohnten Verfahren.

Arbeitslos melden Sie sich bei dem Sachbearbeiter, der Ihnen von der Informationsstelle zugewiesen wurde. Der sollte Ihnen bei diesem Besuch auch das Formular zum Beantragen von Arbeitslosengeld aushändigen. Falls nicht, fragen Sie danach. Zuerst aber sollte klar sein, ob Sie überhaupt Anspruch auf Arbeitslosengeld haben.

Habe ich Anspruch auf Arbeitslosengeld?

Wenn Sie sich arbeitslos gemeldet haben, ist die erste, aber nicht die einzige Voraussetzung erfüllt, um überhaupt Anspruch auf Arbeitslosengeld zu haben. Die Bedingungen sind folgende:

- *Alter:* Sie dürfen maximal 65 Jahre alt sein – danach besteht wegen des Renteneintritts kein Anspruch mehr.
- *Arbeitslosigkeit:* Arbeitslos zu sein heißt, dass Sie keine Beschäftigung im Umfang von mehr als 15 Stunden pro

Woche haben, aktiv nach einer neuen versicherungspflichtigen Beschäftigung suchen und sich für das Arbeitsamt verfügbar halten. Einfach nur arbeitslos melden reicht also nicht, denn wenn Sie die Auflagen nicht erfüllen, müssen Sie Sperrzeiten befürchten. Was das im Einzelnen bedeutet, wird unten noch erläutert.

- *Anwartschaftszeit:* Sie müssen innerhalb der vergangenen drei Jahre (ab Februar 2006 zwei Jahre) mindestens 360 Tage sozialversicherungspflichtig gearbeitet haben. Im Klartext: Kein Arbeitslosengeld, wenn Sie in dieser Zeit einen 400-€-Job hatten oder im Familienbetrieb ohne Sozialversicherung mithalfen. Wichtig ist nur, wie viel und wie lange innerhalb der Rahmenfrist die Arbeitslosenversicherung eingezahlt wurde! Bislang kann diese Frist zwar auf maximal fünf Jahre verlängert werden (z. B. bei Selbständigen oder der Pflege von Verwandten), das geht ab 2006 nur noch in Ausnahmefällen wie der beruflichen Rehabilitation.
- *Teilnahme an einer beruflichen Weiterbildung:* Wer an einer Weiterbildungsmaßnahme teilnimmt, gilt nicht als arbeitslos. Aber er kann Arbeitslosengeld zum Unterhalt beantragen, wenn er alle anderen Voraussetzungen dafür erfüllt (mehr dazu auf Seite 63 ff.).

Der Antrag auf Arbeitslosengeld

Wenn Sie die Bedingungen erfüllen, sollten Sie sich beim ersten Besuch das Antragsformular mitgeben lassen. Auf diesem Vordruck vermerkt der Sachbearbeiter das Datum Ihrer persönlichen Arbeitslosmeldung. Zudem werden darauf weitere Angaben wie Dauer der Beschäftigung, Höhe des Bruttolohns u. Ä. gemacht. Für etwaige Sonderfälle (z. B. für Ihre Kranken-, Pflege- und Rentenversicherung) erhalten

Sie Zusatzblätter. Den Antrag füllen Sie besser in Ruhe zu Hause aus. Vermutlich haben Sie nicht alle Angaben im Kopf, die das Arbeitsamt benötigt. Nehmen Sie sich dafür die Zeit, die Sie brauchen. Es gibt keine Abgabefrist. Aber: Je schneller Sie den Antrag abgeben, desto schneller bekommen Sie Ihr Arbeitslosengeld (natürlich rückwirkend ab dem ersten Tag der Arbeitslosigkeit). Bei der Abgabe bitte folgendes mitbringen:

- einen Personalausweis oder Reisepass mit Meldebescheinigung
- alle – alten sowie derzeit noch aktuellen – Arbeitspapiere wie Verträge oder Arbeitsbescheinigungen
- Ihre Lohnsteuerkarte
- falls vorhanden: Nachweise über einen früheren Leistungsbezug (Arbeitslosengeld, Arbeitslosenhilfe, Unterhaltsgeld), auch die von einem anderen Arbeitsamt

Vorsicht: Sperrzeiten und Kürzungen

Bei Kündigungen

Sie haben sich hoffentlich rechtzeitig arbeitslos gemeldet. Falls nicht, gilt: Wenn Sie die oben genannten Fristen verschlafen und sich zu spät arbeitslos bzw. arbeitssuchend melden, wird Ihr Arbeitslosengeld für jeden Tag, den Sie später zum Arbeitsamt gehen, zwischen 7 und 50 € pro Tag gekürzt (maximal 30 Tage lang).

Ein weiterer Grund für Sperrzeiten oder Kürzungen liegt vor, wenn Sie selbst gekündigt haben. Aber auch wenn Sie entlassen wurden, lauern Gefahren: etwa wenn das Arbeitsamt Ihnen nachweist, dass Sie an Ihrem Jobverlust nicht ganz unschuldig waren, weil Sie sich entsprechend verhalten haben und Ihnen z. B. fristlos gekündigt wurde. Im Zweifel müssen *Sie* leider beweisen, dass es nicht so war!

Sicher ist Ihnen eine Sperrzeit auch, wenn Sie einen Aufhebungsvertrag akzeptieren, denn dieser wäre ja ohne Ihre Zustimmung nicht möglich. Das tun Sie auch dann, wenn Sie gegen eine Entschädigung (z. B. eine Abfindung) bei der Entlassung „helfen“, etwa wenn Sie auf den Kündigungsschutz oder Rechtsmittel gegen die Entlassung verzichten. Aber: Rechnen Sie vorab einmal durch, ob die Abfindung oder das Arbeitslosengeld, das Ihnen auf diese Weise durch die Lappen ginge, höher ist, um sich zu entscheiden, welche Variante Sie wählen.

Achtung: Es kann passieren, dass das Arbeitslosengeld für eine Dauer von mindestens drei, meist aber für zwölf Wochen gar nicht gezahlt wird – je nach Art und Anzahl der „Verstöße“. Eine solche Sperrzeit wird nicht einfach an die Zeit, in der Sie Arbeitslosengeld bekommen, angehängt, sondern sie verkürzt diese entsprechend. Dennoch, nur eine Sperrzeit ist, wenn Sie die eine oder andere Auflage des Arbeitsamtes nicht erfüllen können, durchaus zu verkraften. Allerdings sollten Sie auf jeden Fall dafür sorgen, dass sich Ihre Sperrzeiten nicht auf insgesamt 21 Wochen addieren; selbst wenn Sie in Ihren Augen nur ein paar Kleinigkeiten falsch machen. Das Arbeitsamt ist da leider nicht zimperlich: Wenn Sie 21 Wochen Sperrzeit erreicht haben, wird Ihr Arbeitslosengeld komplett gestrichen.

Während der Arbeitslosigkeit

Sperrzeiten und Kürzungen können auch später, während der Arbeitslosigkeit, gegen Sie verhängt werden. Eine Regel hat sich besonders verschärft: Sie dürfen nicht den Eindruck erwecken, auf der faulen Haut zu liegen. Mindestens 15 Stunden pro Woche sollen Sie sich um einen neuen Job bemühen und dem Arbeitsamt für seine Bemühungen, Ihnen bei der Jobsuche zu helfen, zur Verfügung stehen. Dazu gehört auch, dass Sie alle drei Monate ohne besondere Aufforderung zu Ihrem Arbeitsvermittler gehen. Nutzen Sie diese Termine, um gemeinsam eine (neue) Taktik für die Jobsuche zu finden.

Ihre eigenen Bemühungen sollten Sie beweisen können, ab Januar 2005 folgen Sperrzeiten, wenn Sie nicht genug für die Jobsuche tun. Nachweisen können Sie das meist mündlich. Auf der sicheren Seite sind Sie, wenn Sie etwas Schriftliches vorlegen können. Daher der Rat: Führen Sie eine Art Tagebuch, in dem Sie alle Ihre Aktivitäten rund um die Jobsuche festhalten. Ein solches Tagebuch hat mehrere Vorteile: Sie können es als Beweis bei Ihrem Arbeitsvermittler vorlegen und, eigentlich noch wichtiger: Es hilft Ihnen bei der Planung und Durchführung Ihrer Jobsuche und erhöht Ihre Erfolgschancen.

Führen Sie ein „Tagebuch" — ! TIPP

Ein Tagebuch ist für die Organisation Ihrer Jobsuche enorm hilfreich – gerade wenn Sie leicht den Überblick verlieren (Beispiel auf Seite 18/19).

Sie sollten unter der Adresse, die Sie beim Arbeitsamt angeben, an jedem Werktag erreichbar sein. Das heißt zwar nicht, dass Sie den ganzen Tag zu Hause rumhocken müssen – einkaufen gehen ist „erlaubt". Wenn Sie ein Handy haben, geben Sie die Nummer an. Ansonsten hilft auch ein Anrufbeantworter. Im Bedarfsfall können Sie dann zurückrufen, einen Termin ausmachen oder direkt zum Arbeitsamt gehen. Schwierig ist es zu verreisen: Maximal drei Wochen pro Jahr dürfen Sie wegfahren. Ein solcher „Urlaub" muss aber genehmigt werden. Dabei ist eine gute Begründung sehr wichtig: Bei einem Krankheitsfall in der Familie stehen die Chancen gut, bei einem Vergnügungstrip nach Mallorca eher schlecht. In den ersten drei Monaten Ihrer Arbeitslosigkeit schaut Ihr Arbeitsvermittler übrigens ganz genau hin. Wenn Sie wegfahren, ohne Bescheid zu sagen, und erwischt werden, wird Ihr Arbeitslosengeld komplett gestrichen – und zwar vom ersten Urlaubstag an. Auch wenn Sie umziehen gilt: Das Arbeitsamt umgehend benachrichtigen.

Führen Sie ein „Tagebuch"

Sie merken, Sie müssen vieles nachweisen. Um den Überblick nicht zu verlieren, sollten Sie sich schriftliche Notizen machen. Das hilft nicht nur, beim Arbeitsamt „Beweise" vorzulegen und Sperrzeiten zu vermeiden. Sie können so auch gleichzeitig Ihre Jobsuche organisieren. Auch dabei gilt: Mit Übersicht sind die Chancen weitaus besser, als wenn Sie unorganisiert sind und Termine verschlafen! Als praktisch erweist sich etwa ein Schulheft in DIN-A4-Format, in dem Sie eine Tabelle anlegen, in die Sie stichpunktartig alle wichtigen Daten, Namen und Termine eintragen. Wenn Sie sich mit dem PC auskennen, können Sie sich natürlich eine eigene Tabelle anlegen (siehe auch Seite 18/19).

Welche Pflichten müssen Sie erfüllen?

Zu den Dingen, die das Arbeitsamt von Ihnen wollen könnte, gehört etwa eine ärztliche bzw. psychologische Untersuchung. Auch wenn Sie das überflüssig finden und keine Lust haben hinzugehen: Tun Sie es trotzdem. Wenn Sie sich weigern, vermitteln Sie dem Arbeitsamt den Eindruck, dass Sie nicht „willig" sind, alles zu tun, um wieder einen Job zu finden. Wer sich verweigert, wird nach der Reform in Zukunft (ab 2005) mit einer Sperrzeit härter bestraft.

Möglicherweise möchte das Arbeitsamt aber auch, dass Sie an Trainings-, Aus- oder Weiterbildungsmaßnahmen teilnehmen. Was damit im Einzelnen gemeint ist, erfahren Sie im entsprechenden Kapitel ab Seite 63. Auch hier gilt: Wenn Sie nicht hingehen, zeigen Sie deutlich Ihre nicht vorhandene Kooperationsbereitschaft. Natürlich mag es Weiterbildungen geben, die Ihnen völlig sinnlos erscheinen, doch wenn Sie schon verpflichtet werden, können Sie das ja auch positiv sehen: Nutzen Sie die Chance, etwas Neues zu lernen. Wenn Sie allerdings einen wichtigen Grund angeben können, dürfen Sie auch ablehnen, ohne Sperrzeiten befürchten zu müssen. Das Arbeitsamt akzeptiert jedoch nur wenige Argumente – welche, wollen wir kurz erörtern.

Sie müssen tatsächlich bereit sein, jede Ihrer Arbeitsfähigkeit entsprechende „zumutbare Beschäftigung" anzunehmen. Das bedeutet für Bezieher von Arbeitslosengeld und -hilfe (für das zukünftige Arbeitslosengeld II gelten andere Regelungen, siehe dazu Seite 25): Die angebotene Arbeit muss weder Ihrer Ausbildung noch Ihren bisherigen Arbeitsbedingungen entsprechen. Spätestens ab dem vierten Monat der Arbeitslosigkeit ist auch ein Umzug grundsätz-

Das „Tagebuch"

Legen Sie ein (gelochtes) Din-A4-Heft als Tagebuch an. Legen Sie außerdem einen DIN-A4-Ordner an, den Sie in mindestens sechs Bereiche abteilen (z.B. Checklisten und Notizen zum Tagebuch, Quittungen, Bewerbungen, Schriftverkehr mit Firmen bzw. Weiterbildungseinrichtungen usw., Schriftverkehr mit dem Arbeitsamt, Informationsmaterial).

Arbeitsamt

Daten	Termin: ______________________________ Gesprächspartner: _____________________
Art des Gesprächs	Vermittlung, Beratung usw.
Eigenbemühungen	Notizen machen, um ggf. belegen zu können, was man selbst unternommen hat, z.B. gesammelte Informationen zu Stellenangeboten, Berufsbildern o.Ä.
Gesprächsablauf	Welche Informationen/Angebote habe ich erhalten? Vorschläge zur Jobsuche Firmenadressen zur Bewerbung Berufsberatung Beratung zur Weiterbildung Weiterbildungsangebot Beratung zur Existenzgründung
Nachbereitung	Eigenbemühungen notieren

Heften Sie alle Listen, Quittungen und so weiter ordentlich und nach Datum sortiert ab und nummerieren Sie sie. Bewahren Sie Tagebuch und Ordner immer gemeinsam auf, am besten heften Sie das Tagebuch mit ein. Tragen Sie alle kürzeren Infos in die Tabelle ein.

Jobsuche

Bewerbung	Kontakt über: (Stellanzeige – wo? Arbeitsamt usw.) Datum: __________ (Anschreiben beilegen) Ausgaben: ________ EUR (Belege beilegen)
Firma	Name: Adresse: Telefonnummer: Ansprechpartner:
Job	Art der Arbeit: Berufsbezeichnung: Tätigkeitsbeschreibung: Wochenstunden: Vertragsdauer:
Vorstellungsgespräch	Einladung: Ja/Nein? (Einladungsschreiben beilegen) Datum: Fahrtkosten: _______ EUR (Belege beilegen)
Ablehnung	Grund der Ablehnung: _________________ (Ablehnungsschreiben beilegen)

lich „zumutbar"; davor nur, wenn nicht zu erwarten ist, dass Sie eine Stelle innerhalb des „zumutbaren Pendelbereichs" finden. Wenn Sie zum neuen Arbeitsplatz bei einer Arbeitszeit von bis zu sechs Stunden mehr als zwei Stunden und bei über sechs Stunden Arbeitszeit zweieinhalb Stunden fahren müssen, liegt Ihre Arbeitsstelle außerhalb des Zumutbaren – und Sie können ablehnen (Ausnahme: In Ihrer Region sind so lange Fahrzeiten üblich).

Sie können eine Stelle auch ablehnen, wenn das Nettogehalt deutlich niedriger (in den ersten drei Monaten der Arbeitslosigkeit bis zu 20%, ab dem zweiten Quartal bis zu 30%) ist als das durchschnittliche Bruttogehalt, das die Berechnungsgrundlage für Ihr Arbeitslosengeld bietet (zur Berechnung siehe Seite 23), bzw. wenn das Gehalt (ab dem siebten Monat) unter dem Arbeitslosengeld liegt, oder wenn die Beschäftigung gegen gesetzliche, tarifliche oder in Betriebsvereinbarungen festgelegte Bestimmungen über Arbeitsbedingungen oder gegen Bestimmungen des Arbeitsschutzes verstößt.

Ein gutes Argument, einen Job abzulehnen, kann Ihre Familie sein, z.B. wenn Sie sich um jemanden (Kinder oder ältere Menschen) kümmern müssen. Aber Achtung: Wenn Sie deswegen keine oder weniger Zeit für eine Arbeit haben, stehen Sie dem Arbeitsamt ja nicht als Arbeitssuchender zur Verfügung oder zumindest nicht die ganze Zeit über – und schon kann es sein, dass man Ihnen das Arbeitslosengeld kürzt oder streicht. Im Einzelfall liegt das sicher auch bei Ihrem Sachbearbeiter oder Leistungsberater, aber dennoch sollten Sie vorsichtig sein, was Sie als Begründung angeben. Wenn Sie aus begründeten gesundheitlichen Gründen eine Stelle ablehnen, müssen Sie hingegen keine Sperrzeiten befürchten. Schließlich geht es bei der Zumutbarkeit ja auch um Ihre Arbeitsfähigkeit, und das ist ganz wörtlich zu verstehen: Wenn Sie körperlich nicht in der Lage sind, einen Job auszuüben, ist er für Sie nicht zumutbar – und Sie können ablehnen. Allerdings müssen Sie die körperliche Beeinträchtigung durch ein ärztliches Attest nachweisen. Wenn Sie belegen, dass Sie wegen einer starken Schädigung der Wirbelsäule keine schwere körperliche Arbeit verrichten können, wird das Arbeitsamt das akzeptieren. Falls Ihnen allerdings ein Job als Fensterputzer angeboten wird, sollten Sie bei einer Ablehnung mit der (falschen) Begründung: „Ich habe Höhenangst" vorsichtig sein. Das Arbeitsamt hat eigene Ärzte und Psychologen und schickt Sie wahrscheinlich zu einer Untersuchung, um Ihre Aussage zu überprüfen.

> Beachten Sie, aus welchen Gründen Sie eine „zumutbare" Arbeit ablehnen können. Für gesundheitliche Gründe brauchen Sie ein ärztliches Attest.
>
> **TIPP**

Wie lange bekomme ich wie viel Arbeitslosengeld?

Das Arbeitslosengeld wird monatlich ausbezahlt. Berechnungsgrundlage ist zumeist Ihr durchschnittliches Bruttogehalt in Ihrem vergangenen Arbeitsjahr („Abrechnungszeiträume mit Versicherungspflicht, die ganz oder teilweise in den letzten 52 Wochen vor Eintritt der Arbeitslosigkeit liegen"). Wenn Sie aber in dieser Zeit verschiedene Jobs hatten, von denen keiner 39 Wochen (Mindestzeitraum) dauerte, legt das Arbeitsamt seinen Berechnungen den Tarif des Berufes zu Grunde, in den man Sie vermitteln will.

Beispiel
Sie haben 9 Monate (39 Wochen) lang versicherungspflichtig gearbeitet und dabei 1500 € brutto monatlich verdient. In den restlichen 3 Monaten des Jahres waren Sie krank, bekamen aber Krankengeld, das aus dem monatlichen Gehalt errechnet wurde. Das Arbeitsamt geht also nun von einer Gesamtsumme von 18.000 € für das ganze Jahr aus, das dann durch 52 (Wochen) geteilt wird – heraus kommt dabei ein Bemessungsentgelt von etwa 346,15 € pro Woche. Aus dieser Summe errechnet das Arbeitsamt dann ein „pauschalisiertes Nettogehalt“, indem es die Lohnsteuer Ihrer Steuerklasse (ohne Freibeträge), den durchschnittlichen Sozialversicherungsbeitrag und – nur noch bis 2005 – die Kirchensteuer abzieht. Von diesem Nettogehalt erhalten Sie schließlich 60 Prozent als Arbeitslosengeld, mit mindestens einem Kind bekommen Sie 67 Prozent.

Wie lange man Arbeitslosengeld erhält, die so genannte Anspruchsdauer, hängt vom eigenen Alter ab und davon, wie lange man in den letzten sieben Jahren in die Sozialversicherung eingezahlt hat. Wer wie lange Arbeitslosengeld bekommen kann, verdeutlicht die Tabelle rechts. Ab Februar 2006 wird für alle Arbeitslosen unter 55 Jahren das Arbeitslosengeld nur noch maximal 12 Monate lang ausbezahlt, wer über 55 ist, bekommt es dann nur noch maximal 18 Monate lang. Über das Arbeitsamt sind Sie auch kranken-, pflege-, renten- und unfallversichert.

Versicherungspflichtig gearbeitet (während der letzten 3 Jahre)	**Arbeitslosengeld: Anspruchsdauer (Monate) / vollendetes Lebensjahr**				
Monate	**unter 45**	**ab 45**	**ab 47**	**ab 52**	**ab 57**
12	6	6	6	6	6
16	8	8	8	8	8
20	10	10	10	10	10
24	12	12	12	12	12
28		14	14	14	14
32		16	16	16	16
36		18	18	18	18
40			20	20	20
44			22	22	22
48				24	24
52				26	26
56					28
60					30
64					32

Quelle: Website der BA (Stand Januar 2004).
https://www.arbeitsagentur.de/content/de_DE/hauptstelle/a-07/importierter_inhalt/pdf/Tabelle_Anspruchsdauer.pdf

Nebenjob erlaubt!

Während des Bezugs von Arbeitslosengeld dürfen Sie auch arbeiten – selbständig oder als Angestellter. Diese Nebenbeschäftigung müssen Sie sofort melden, sie darf 15 Stunden in der Woche nicht überschreiten. Wenn diese Grenze nicht eingehalten wird, besteht wegen fehlender Arbeitslosigkeit kein Anspruch auf Arbeitslosengeld mehr. Ein Nebenjob lohnt sich: 165 € pro Monat (bei mehr als 825 € Arbeitslosengeld 20 Prozent vom Arbeitslosengeld) werden nicht angerechnet, alles was darüber liegt, verringert das Arbeitslosengeld entsprechend. Nutzen Sie diese Möglichkeit, hinzuzuverdienen und gleichzeitig aktiv zu bleiben – Sie kommen dann auch nicht ganz aus dem Berufsleben raus und fühlen sich vermutlich besser, wenn Sie wenigstens „irgendetwas“ tun.

Leistungen vom Arbeitsamt: Was ich beachten muss

Falsch	Richtig
Arbeitslos melden kann ich mich später immer noch.	Sofort melden und alle Fristen einhalten.
Falsche Angaben machen.	Ehrlich sein – das Arbeitsamt sitzt am längeren Hebel.
Das Arbeitsamt will mich nur schikanieren!	Das Arbeitsamt kann mir helfen.
Eine zumutbare Beschäftigung ohne wichtigen Grund ablehnen.	Immer begründen können, warum etwas nicht zumutbar für Sie ist.

Arbeitslosenhilfe und Arbeitslosengeld II

Bis die Arbeitsmarktreform voraussichtlich ab dem 1. Januar 2005 in Kraft tritt, bekommen Arbeitslose, deren Anspruch auf Arbeitslosengeld ausläuft, zeitlich unbefristet *Arbeitslosenhilfe*. Sie müssen zuvor Arbeitslosengeld bezogen haben und auch Voraussetzungen, Verpflichtungen und Sperrzeitenregelungen sind derzeit noch fast genauso geregelt. Ausnahmen: Erst wenn Sie Ihre Sperrzeiten zu insgesamt 24 Wochen addiert (21 Wochen beim Arbeitslosengeld) oder ein Jahr keine Arbeitslosenhilfe erhalten haben, erlischt Ihr Anspruch auf Arbeitslosenhilfe. Ein weiterer Unterschied: Von Ihrem pauschalisierten Nettogehalt (Ihr durchschnittliches Bruttogehalt des letzten Jahres minus Pauschalsteuern – Sie erinnern sich) werden 53% als Arbeitslosenhilfe ausbezahlt (bei mindestens einem Kind 57%). Zudem wird Ihr Einkommen und das Ihres Lebenspartners sowie ein Vermögen, alles unter Berücksichtigung gewisser Freibeträge, angerechnet. Auch als Empfänger von Arbeitslosenhilfe muss man dem Arbeitsamt zur Verfügung stehen. Doch hier ändert sich besonders viel: Die Arbeitslosenhilfe wird noch längstens bis zum 31.12.2004 bewilligt.

Neue Regelung ab 2005

Voraussichtlich zum 1. Januar 2005 werden Arbeitslosen- und Sozialhilfe abgeschafft, stattdessen gibt es das *Arbeitslosengeld II*, das alle „erwerbsfähigen, hilfebedürftigen Personen zwischen 15 und 65" beantragen können – also auch ein Teil derjenigen, die bisher Sozialhilfe bezogen. Als erwerbsfähig gilt jeder, der mindestens drei Stunden pro Tag arbeiten kann, und der vom Arbeitsamt entsprechend eingestuft wurde. Nicht-Erwerbsfähige bekommen künftig so genanntes *Sozialgeld*. All diese Leistungen gelten als

„Grundsicherung für Arbeitssuchende“, die vom Bund und den Kommunen finanziert wird – im Unterschied zum Arbeitslosengeld, das aus dem Topf der Arbeitslosenversicherung bezahlt wird.

Das Arbeitslosengeld II ist ein fester Betrag: nach derzeitigem Stand 345 € in West- und 331 € in Ostdeutschland. Außerdem bekommen Sie auf Antrag Zuschläge für Wohnung und Heizung, bei Schwangerschaft, Kindererziehung oder – auf zwei Jahre befristet – beim Übergang vom Arbeitslosengeld zum Alg II. Der Staat übernimmt darüber hinaus alle Beiträge zur staatlichen Kranken-, Pflege- und Rentenversicherung. Allerdings dürfen Sie nur ein bestimmtes Vermögen besitzen (für jedes Lebensjahr 200, maximal aber 13.000 €). Eine selbst genutzte Immobilie, ein Auto oder eine Altersvorsorge gelten dabei nicht als Vermögen. Geld verdienen dürfen Sie auch und können dabei von Ihrem Einkommen 30% behalten, wenn Sie zwischen 400 und 900 € monatlich verdienen. Wenn Sie über oder unter dieser Verdienstgrenze liegen, bleiben Ihnen aber nur 15% in der Tasche. Daher haben Sie einen deutlichen Vorteil, wenn Sie sich eine Beschäftigung für mindestens 400 € im Monat zu suchen, denn mit dieser Regelung lohnt sich ein Minijob eigentlich nicht. Bedenken Sie aber: Wenn Sie arbeiten, ist die Chance um so größer, irgendwann auch wieder eine Festanstellung zu finden. Einnahmen oder Vermögen zu verschweigen, bringt übrigens nicht viel: Wenn man das entdeckt, kann Ihnen das Arbeitslosengeld II gekürzt werden.

Wenn Sie Arbeitslosengeld II erhalten, werden Sie wahrscheinlich von einem „Fallmanager“, einem persönlichen

Ansprechpartner in einem Job-Center betreut. Leider ist bislang noch nicht ganz klar, wie diese Job-Center im Einzelnen arbeiten werden: Neben den Arbeitsämtern können nämlich auch die Kommunen Ihre Organisation übernehmen. Vielleicht finden Sie dann hinterher *Ihr* Job-Center im Arbeitsamt, im Nachbarort aber im Rathaus oder auf dem Sozialamt. Und auch wie der Fallmanager dann agieren wird, ist bislang nur Theorie: Sein Job ist es, *Ihnen* einen Job zu verschaffen. Dazu schließen Sie mit dem Fallmanager eine Eingliederungsvereinbarung (Dauer: 6 Monate), die Sie zusammen erarbeiten und beide unterzeichnen: Er verpflichtet sich, Ihnen Stellen anzubieten, die Ihren Bedürfnissen, aber auch den Anforderungen des Arbeitsmarktes entsprechen. Sie verpflichten sich im Gegenzug, an der Jobsuche gemäß den Vereinbarungen mitzuwirken. Konkret heißt das: Wenn Sie Glück haben, erhalten Sie einen Bildungsgutschein und können an einer Weiterbildung teilnehmen (lesen Sie mehr dazu im entsprechenden Kapitel). Die Vereinbarung schließt jedoch auch weniger angenehme Pflichten mit ein: Ihr Fallmanager erwartet auch, dass Sie sich – wie schon beim Bezug des Arbeitslosengeldes – regelmäßig und besonders bei Aufforderung bei ihm melden, dass Sie sich ausreichend um eine neue Stelle bemühen und dieses auch belegen (Sie führen ja ein „Tagebuch"!) und dass Sie jede zumutbare Arbeit annehmen. Das bedeutet, dass Sie sich auch mit ungünstigen Arbeitsbedingungen, einer großen Entfernung zum Arbeitsplatz, einem Job, der nicht Ihrer Qualifikation entspricht, oder einer Bezahlung deutlich unter Tarif abfinden müssen. Eine Ablehnung wird nur dann akzeptiert, wenn Sie wichtige Gründe haben:

- Wenn Sie „geistig, körperlich oder seelisch zu dieser Arbeit nicht in der Lage sind". Denken Sie bitte daran, dass das Arbeitsamt selbst psychologische und ärztliche Untersuchungen veranlassen kann, wenn Sie z. B. einfach so behaupten, dass Sie krank sind. Besser ist es auf alle Fälle, ein ärztliches Attest gleich mitzubringen.
- Wenn Ihre neue Arbeit die spätere Wiederaufnahme Ihres eigentlichen Berufs verhindern würde, weil dafür bestimmte körperliche Voraussetzungen nötig sind. Als Balletttänzer haben Sie beispielsweise ein Argument, warum Sie sich die Wirbelsäule nicht beim Tragen schwerer Gegenstände ruinieren wollen.
- Wenn der Job gegen ein Gesetz oder die guten Sitten verstößt.
- Wenn Sie sich um andere Menschen – ältere, pflegebedürftige Familienangehörige, Kinder – kümmern müssen. Dadurch sind Sie dann aber nicht mehr vollzeitarbeitsfähig und stehen dem Arbeitsamt nicht mehr für all seine Bemühungen zur Verfügung – und damit kann es sein, dass man Ihnen das Arbeitslosengeld II kürzt, auch wenn das Gesetz dazu nichts sagt.

Wenn Sie Ihren Pflichten nicht nachkommen, kann das Arbeitslosengeld II beim ersten Verstoß um 30%, bei jedem weiteren Verstoß noch weiter gekürzt werden.

Nicht vergessen: Was muss ich tun, wenn ich arbeitslos bin?

- Sich sofort arbeitslos melden, wenn Sie Ihren Job verlieren.
- Wissen, wann Sperrzeiten drohen
- Klären: Erfülle ich Voraussetzungen wie Anwartschaftszeit, Alter und Arbeitslosigkeit für einen Antrag auf Arbeitslosengeld?
- Gibt es Alternativen zur Arbeitslosigkeit (z.B. Weiterbildung, Selbständigkeit)?
- Sich um einen neuen Job bemühen und dies auch demonstrieren.
- Führen Sie ein Tagebuch für Ihre Jobsuchaktivitäten.

Auf dem Weg zum neuen Job: Vermittlung und Hilfe durch das Arbeitsamt

Die Arbeitsvermittlung ist eigentlich die Hauptaufgabe der Bundesagentur für Arbeit. Sie kann aber nur Stellen vermitteln, die es auch gibt. Bei guter Konjunktur kann sie diesen Auftrag natürlich besser erfüllen als in schlechten Zeiten. Bei Ihrer Jobsuche sollten Sie sich daher nicht allein auf das Arbeitsamt verlassen. Besser ist es, selbst aktiv zu werden. So ist die Chance größer, nicht in eine ungeliebte Weiterbildung gesteckt zu werden oder einen zwar „zumutbaren", aber für Sie völlig unbefriedigenden Job annehmen zu müssen. Außerdem verbessern Sie Ihre Erfolgsaussichten und zeigen Ihrem zukünftigen Chef, dass Sie bereit sind, sich aus eigenem Antrieb zu engagieren – und das sieht jeder gerne. Nehmen Sie aber ruhig alle Hilfestellungen der Arbeitsagentur in Anspruch.

TIPP Nutzen Sie das Informationsangebot der BA, aber suchen Sie auch selbst aktiv nach einem Job. Das bringt mehr und zeigt auch Ihrem zukünftigen Arbeitgeber, dass Sie engagiert sind.

Vermittlung einer neuen Arbeit

Bei der Suche nach einem Job kann Ihnen das Arbeitsamt vielleicht direkt weiterhelfen. Wenn Sie eine der folgenden Vermittlungswege beschreiten oder eine Förderung erhalten wollen, können Sie sich auf der Website der BA oder direkt bei Ihrem Arbeitsvermittler weitere Informationen besorgen.

Arbeitsvermittlung

Sie haben ja bereits erfahren (Seite 10), dass der Arbeitsvermittler Ihnen (z.B. nach Ihrem Wohnort oder Ihrem Namen) zugewiesen wird. Wer nun für Sie zuständig ist, erfahren Sie an der Infostelle im Eingangsbereich des Arbeitsamtes. Dass Sie, wie geplant, einfach zum nächsten freien Vermittler gehen, ist in vielen Arbeitsämtern noch Zukunftsmusik. Der Vermittler erstellt ein Profil Ihrer fachlichen und persönlichen Stärken und Schwächen und vergleicht es mit den Anforderungen von Stellenangeboten, um so vielleicht das Passende für Sie zu finden. Unterstützen Sie Ihren Arbeitsvermittler dabei, so gut es geht: Seien Sie ehrlich und verschweigen Sie nichts. Ein korrektes Profil kann die ohnehin nicht rosigen Aussichten auf einen neuen Job verbessern. Ihr Profil wird auch in den „Virtuellen Arbeitsmarkt“ eingespeist – ein Computersystem, das Stellenangebote und die Profile der Jobsuchenden automatisch abgleicht.

Arbeitsvermittler haben außerdem Kontakte zu Firmen und helfen Ihnen beim Erstellen Ihrer Bewerbungsunterlagen. Sie sollten Sie auch zu allen Aspekten und Problemen der Stellensuche beraten können, etwa zu möglichen Geldleistungen, z. B. der Übernahme von Bewerbungskosten. Wenn der Arbeitsvermittler nicht mehr weiter weiß und der Meinung ist, Ihnen kann nur eine Weiterbildungs- oder Trainingsmaßnahme helfen, wird er Sie an die Arbeitsberatung verweisen, auf die wir noch zu sprechen kommen.

Wenn Sie Arbeitslosengeld oder -hilfe (bzw. Alg II) beziehen und zum Arbeitsvermittler kommen (auch weil Sie sich ja regelmäßig dort melden müssen), wird dieser versuchen, den Job zu finden, der zu Ihnen passt. Nicht immer schafft er das. Wenn er Ihnen die Adresse einer Firma gibt, müssen Sie sich dort bewerben, ob Sie wollen oder nicht! Dabei spielt es keine Rolle, ob die angebotene Stelle Ihrem Beruf entspricht – oft genug werden Ihnen leider Jobs angeboten werden, für die Sie überqualifiziert sind. Wenn Sie z. B. Sekretärin sind und man Ihnen einen Job als Datentypistin anbietet, können Sie nicht mit der Begründung: „Das ist nicht mein Beruf" ablehnen. Es macht dabei keinen Unterschied, ob die angebotene Stelle nur drei Stunden in der Woche umfasst oder Sie das erste oder das zehnte Mal ablehnen – wenn Sie ohne wichtigen Grund „Nein" sagen, müssen Sie vermutlich mit Sperrzeiten rechnen (siehe Seite 15 ff.).

Sie beißen also in den sauren Apfel und bewerben sich. Aber Vorsicht: Wenn Sie jetzt eine ganz schlechte, vor Rechtschreibfehlern nur so strotzende Bewerbung schreiben (mit der verständlichen Hoffnung: „Dann nimmt man mich ja nicht!"), hat das auch negative Auswirkungen. Damit erwecken Sie beim Arbeitsvermittler nämlich den Eindruck, dass Sie keine Lust haben zu arbeiten – und schon kann es Sperrzeiten oder Leistungskürzungen hageln. Gleiches gilt dann übrigens, wenn Sie das Vorstellungsgespräch in zerfetzten Jeans oder durch unflätiges Benehmen boykottieren oder gar nicht hingehen. Das Arbeitsamt verlangt von Ihnen, dass Sie sich bemühen und das auch zeigen. Wenn Ihr Vermittler Sie bittet, Ihre Bewerbungen vorzuzeigen, ist es schlecht, wenn die dann eine Katastrophe sind. Und vermutlich wird sich der Vermittler auch bei Ihrem Arbeitgeber „in spe“ erkundigen, warum Sie nicht eingestellt wurden. Daher: Treten Sie sowohl auf dem Amt als auch bei Vorstellungsgesprächen immer gepflegt, freundlich, offen und engagiert auf, so dass Sie von vornherein einen positiven Eindruck erwecken und der Arbeitsvermittler nicht auf die Idee kommt, Sie wollten nicht arbeiten.

Übrigens: Wenn Sie den Sperrzeiten entgehen wollen, dürften Sie dann gute Chancen haben, wenn Sie für den angebotenen Job nicht ausreichend qualifiziert sind: Wenn Sie Mechaniker sind und Ihnen Ihr Vermittler eine Stelle als Friseur anbietet, liegt der Fehler bei ihm und Sie können (falls Ihnen dennoch eine Sperrzeit droht, weil Sie den Job nicht bekommen haben) mit seinem direkten Vorgesetzten reden. Als „Masche“ taugt das jedoch nur bedingt: Wenn Sie als Sekretärin den Job als Datentypistin ablehnen, weil Sie zu wenig Computerkenntnisse haben, dann sind Sie auch als Sekretärin zukünftig kaum noch vermittelbar – und vielleicht bietet man Ihnen aus genau diesem Grund dann demnächst eine Stelle als Putzfrau an . . .

Personal Service Agenturen (PSA)

Hier handelt es sich um private Zeitarbeitsfirmen, die im Auftrag der BA Arbeitslose einstellen, um sie dann zeitweise an Firmen zu verleihen. Sie können dabei in verschiedene Jobs reinschnuppern, Kontakte in unterschiedlichen Betrieben knüpfen und dadurch Ihre Chancen verbessern. Vielleicht bleiben Sie sogar bei einer Firma „kleben". Leider kann es gut sein, dass Ihnen die PSA keinen Job anbieten kann, denn auch die Stellenangebote für Leiharbeiter sind bei der momentanen Arbeitsmarktlage begrenzt. Sie sollten daher die PSA als eine Möglichkeit unter vielen sehen: Es zu versuchen, kann nicht schaden, denn Geld bekommen Sie hier genauso wie beim Arbeitsamt – und vielleicht finden Sie einen Job. Wenn Sie aber merken, dass es nichts bringt, sollten Sie andere Wege gehen. Auf keinen Fall dürfen Sie sich ganz auf eine PSA verlassen und zu Hause sitzend geduldig auf den nächsten Job warten oder sich von einem möglichen Misserfolg völlig frustrieren lassen.

Vermittlungsgutscheine

Nach drei Monaten Arbeitslosigkeit können Sie, falls Sie Anspruch auf Arbeitslosengeld oder Arbeitslosenhilfe (bzw. Arbeitslosengeld II) haben, vom Arbeitsvermittler einen Vermittlungsgutschein bekommen. Diesen können Sie einem privaten Arbeitsvermittler aushändigen, nachdem er Ihnen einen sozialversicherungspflichtigen Job mit einer Mindestarbeitszeit von 15 Wochenstunden und für wenigstens drei Monate besorgt hat. Geld bekommt der Vermittler erst, wenn Sie den Arbeitsvertrag unterschrieben haben – je länger Sie arbeitslos waren, desto mehr. Die volle Summe bekommt er nur dann, wenn Sie sechs Monate lang gearbeitet haben. Sie selbst brauchen gar nichts zu bezahlen. Wenn der Vermittler Geld von Ihnen verlangt, ist das unzulässig! Schalten Sie ruhig mehrere Vermittler ein – das erhöht die Chancen, Sie bezahlen mit dem Gutschein ja nur bei Erfolg. Aber erwarten Sie auch hier keine Wunder. Ein privater Arbeitsvermittler muss übrigens durch die BA anerkannt worden sein (mehr dazu auf der Webseite der BA).

Förderungen

Arbeitsbeschaffungsmaßnahmen (ABM)

Bei einer ABM erhalten die Arbeitgeber einen Zuschuss zu den Lohnkosten. Für Sie als Arbeitnehmer kann es dann sinnvoll sein, wenn Sie arbeitslos sind und wenig Aussichten haben, einen „normalen" Job zu finden. Durch die ABM bleiben Sie im Berufsleben, lernen vielleicht sogar etwas Neues und Ihre Chancen steigen, über die ABM zu einer normalen Maßnahme zu kommen. Leider können Sie sich die ABM nicht selbst aussuchen. Das Arbeitsamt weist sie zu. Immerhin können Sie sich erkundigen, welche Maßnahmen in Ihrer Region gefördert werden und welche für Sie in Frage kommen könnten. Damit signalisieren Sie dem Arbeitsberater Ihre Eigenbemühungen. Einen Rechtsanspruch auf die Förderung haben Sie aber nicht. Nachteil: Sie sind während einer solchen Maßnahme nicht arbeitslosenversichert und erwerben damit keinen neuen Anspruch auf Arbeitslosengeld.

Berufliche Rehabilitation

Wer wegen seiner psychischen oder physischen Beeinträchtigung nur schwer eine Stelle bekommt, kann Hilfe von der BA erhalten: Arbeitsvermittlung, Ausbildungs- oder Übergangsgeld, Kraftfahrzeughilfe, Geld für technische Hilfsmittel oder eine behindertengerechte Wohnung und schließlich Bildungsgutscheine für Weiterbildungsmaßnahmen. Wenden Sie sich dazu an die speziell ausgebildeten Reha-Teams, die Sie auf dem Arbeitsamt finden.

Weitere Infos: http://www.AusbildungBerufChancen.de

Erstattung von Bewerbungskosten

Eine professionelle Bewerbung mit Zeugniskopien, Fotos, Mappen und Porto geht ins Geld – und erst recht, wenn Sie einige Dutzend davon verfassen müssen. Aber: Wer schon arbeitslos ist, befürchten muss, arbeitslos zu werden oder eine Ausbildungsstelle sucht, kann bis zu 260 € pro Jahr an Bewerbungskosten vom Arbeitsamt erstattet bekommen. Ihr Arbeitsvermittler wird Ihnen sagen, ob und wie viel Zuschuss Sie erhalten, bei ihm stellen Sie auch den Antrag.

TIPP

Sammeln Sie alle Quittungen, die Sie im Zusammenhang mit Ihren Bewerbungen bekommen können: Bewerbungsfotos, Briefpapier und Umschläge, Bewerbungsmappen, Kopien, Druckerpatronen, Briefmarken ... Notieren Sie die Ausgaben in Ihrem „Tagebuch".

Mobilitätsbeihilfen

Wenn Sie einen Job suchen, wird von Ihnen erwartet, dass Sie „flexibel und mobil" sind. Das ist nicht immer ganz billig. Das Arbeitsamt übernimmt „unter Umständen" die Kosten für die Fahrten zur Arbeitsstelle, getrennte Haushaltsführung oder einen Umzug. Auch die Anschaffung von Ausrüstungsgegenständen wie Arbeitskleidung wird finanziell unterstützt, und auch für den Lebensunterhalt bis zum ersten Gehalt kann das Arbeitsamt aufkommen. Die Beihilfen können Sie beim Arbeitsvermittler beantragen.

Zuschüsse zu den Lohnkosten für Arbeitgeber

Sie sind gut ausgebildet, haben lange Jahre Berufserfahrung, aber in der Logik des Arbeitsmarkts ein Problem, weil Sie über 50 sind oder nicht zu 100% einsatzfähig sind? Dann stuft Sie das Arbeitsamt als „schwer vermittelbar" ein. Das mag nicht schön sein, weil man Ihre Kompetenzen nicht berücksichtigt, bietet aber positiv gedacht einen Vorteil: Ein Arbeitgeber, der Sie beschäftigen will, kann dafür Geld vom Arbeitsamt erhalten. Sie können Ihrem möglichen zukünftigen Chef damit ein zusätzliches Argument liefern. Dieses Argument haben Sie auch, wenn Sie als Arbeitsloser in einer neu gegründeten Firma anfangen wollen, denn auch dann kann Ihr Chef für Sie einen Zuschuss einstreichen.

Vermittlung ins Ausland

Wenn Sie in Deutschland keinen Job finden, ist vielleicht ein Job im Ausland die richtige Lösung. Aber: Ohne qualifizierte Berufsausbildung und ausreichende Sprachkenntnisse dürfte das nicht einfach sein. Die BA unterstützt auswanderungswillige Arbeitnehmer bei einer Aussicht auf Vermittlung sogar mit speziellen Weiterbildungsmaßnahmen. Gute Chancen haben Fachkräfte, deren Kenntnisse in einem anderen Land dringend benötigt werden – und das ist stark von der Konjunktur abhängig. Informieren Sie sich daher ausführlich – z. B. bei einer der folgenden Anlaufstellen.

Zentralstelle für Arbeitsvermittlung (ZAV)

Die ZAV berät und vermittelt als Personalagentur u. a. Fachkräfte für Führungsaufgaben (ohne Altersbeschränkung) sowie Nachwuchskräfte (junge Berufstätige, Auszubildende) bis maximal 35 Jahre (abhängig vom Programm) für Jobs und Praktika ins Ausland.
http://www.zav.de

Europäische Berufsberatungszentren (EBZ)

Die EBZs befinden sich in verschiedenen Arbeitsämtern in ganz Deutschland. Jede Dienststelle befasst sich aber nur mit einem Partnerland. Berufsberater, die sich mit der Thematik auskennen und auch die jeweilige Sprache sprechen, helfen Ihnen mit Beratung, Informationsveranstaltungen und Vermittlung weiter: *https://www.arbeitsagentur.de/vam/?content=/content/supertemplates/Content.jsp&navId=6617*

European Employment Services (EURES)

18 Europäische Länder (EU, EWR, Schweiz) sind hier mit ihren öffentlichen Arbeitsverwaltungen sowie Gewerkschaften und Arbeitgebervereinigungen beteiligt.
Jobs durch EURES: http://www.eures-jobs.com/jobs/de/jobs.jsp

Europäische Programme

Einige Programme in Europa ermöglichen Arbeitnehmern einen begrenzten Aufenthalt (je nach Programm bis zu zwölf Monate) in einem anderen europäischen Land. Vorteil: Gute Organisation, finanzielle Unterstützung und Ansprechpartner vor Ort. Nachteil: Nicht jeder kann teilnehmen, es gibt solche Programme nur für jüngere Menschen oder spezielle Berufsgruppen.
Weitere Informationen: https://www.arbeitsagentur.de

Wie finde ich einen neuen Job?	
Falsch	Richtig
Das Arbeitsamt wird's schon richten. Wenn die es nicht schaffen, wer dann?	Die Hilfe der BA nutzen, aber vor allem selbst aktiv einen Job suchen.
Einmal durchs Raster gefallen – für immer arbeitslos.	Auch wenn es schwer fällt: Bleiben Sie optimistisch. Eine Chance gibt es immer!
Dem Arbeitsberater/-vermittler nichts verraten, es geht ihn ja nichts an.	Stärken und Schwächen ehrlich nennen, sonst sinken meine Chancen.
Die Berater sagen mir schon, wo es Zuschüsse gibt.	Fragen Sie aktiv nach Fördermöglichkeiten der BA.
Ich will genau den Job, den ich mal hatte!	Flexibler sein. Aus dem Job heraus können Sie sich auch besser bewerben.

Hilfe zur Selbsthilfe: Stellenangebote und Informationen der BA

Das Arbeitsamt vermittelt nicht nur neue Stellen, es kann Ihnen auch helfen, sich selbst aktiv um einen neuen Job zu bemühen. Nutzen Sie diese Chancen. Hier finden Sie eine Übersicht über die verschiedenen Stellen- und Informationsangebote.

Der „virtuelle Arbeitsmarkt"

Der virtuelle Arbeitsmarkt ist eine Datenbank, in dem offene Stellen und die Qualifikationsprofile von Arbeits- und Ausbildungsplatzsuchenden verglichen werden. Mit enthalten sind Angebote zahlreicher privater Stellenbörsen, die mit dem Arbeitsamt zusammenarbeiten. Ihr Arbeitsvermittler kann im Computer sehen, welche Stellen auf Ihre Fähigkeiten zugeschnitten sind. Falls es keine gibt, kann er immerhin erkennen, auf welchem Gebiet es sich u. U. für Sie lohnt, sich weiterzubilden. Wenn Sie beispielsweise in der Vergangenheit als Sekretärin gearbeitet haben, aber bestimmte Computerprogramme nicht beherrschen und allein deshalb keinen neuen Job bekommen, erhöhen Sie Ihre Chancen enorm, wenn Sie diese Programme erlernen.

Ihr „Profil" können Sie ab Mitte 2004 selbst von zu Hause oder vom Computer im BIZ aus verwalten. Auf der Eingangsseite der BA können Sie sich dann mit Ihren persönlichen Daten (Name, Adresse, Telefon, Geburtsdatum usw.) registrieren. Dann loggen Sie sich ein (Benutzername und Kennwort eingeben) und erstellen Ihr persönliches Profil: Ausbildung, Berufserfahrung, allgemeine Fähigkeiten, persönliche Eigenschaften, gewünschter Einsatzbereich und Gehalt. Sie können das Profil dann mit Stellenangeboten abgleichen oder es darüber hinaus wie eine Bewerbung veröffentlichen. Mit einer PIN-Nummer (die teilt Ihnen das Arbeitsamt nach der Registrierung durch E-Mail oder Post mit) sollen Sie dann das konkrete Angebot freischalten können.

Mehr dazu in der Broschüre „Schneller finden, was wirklich passt".

Markt + Chance Stellenangebote

Zeitung der ZAV (Auflage 155 000) mit aktuellen Jobanzeigen der BA, übersichtlich nach Branchen gegliedert, erscheint jeden Freitag kostenlos zum Mitnehmen in Arbeitsämtern, Rathäusern oder Büchereien. Eine Ausgabe mit Bewerberprofilen erscheint alle zwei Wochen freitags mit Stellengesuchen aus allen Bereichen und wird kostenlos an Firmen abgegeben. Hier können auch *Sie* kostenlos Stellengesuche veröffentlichen. Fragen Sie dazu Ihren Arbeitsvermittler.

Bewerbungscoachings

Wer arbeitslos ist, kann von der BA auch die Teilnahme an einem Bewerbertraining (mehr auf Seite 69) bezahlt bekommen: Hier lernen Sie u. a., wie Sie Stellenanzeigen richtig lesen und eine ordentliche Bewerbungsmappe erstellen. Ihre eigene Bewerbung können Sie dann auch gleich durchsehen lassen. So können Sie Fehler vermeiden und sicherstellen, dass Ihre Unterlagen dem gängigen Standard entsprechen. Ein Service, den Sie nutzen sollten, falls Sie die Möglichkeit dazu haben.

Bewerbungstipps für Ausbildungsplatzsuchende

Die Broschüre *Richtig bewerben, aber wie? Tipps für die Bewerbung um einen Ausbildungsplatz* richtet sich vor allem an junge Leute, ebenso wie die CD-ROM *Bewerbung um eine Ausbildungsstelle*: Auf dieser CD sind die Informationen nicht nur schriftlich, sondern auch mit Filmen und Bildern aufbereitet. Die Benutzer können aber auch Bewerbungssituationen üben und mit Checklisten ihr Vorgehen planen. Die CD gehört zum *Mach's Richtig*-Berufswahlordner, der ebenfalls zahlreiche Bewerbungstipps enthält.

Im Internet zu finden unter http://www.machs-richtig.de

JOB*PROFI*

Die Mappe hilft Ihnen bei den wichtigsten Stationen der Stellensuche: Was kann ich, was will ich? Wie suche ich selbst aktiv nach einem Job, wie lese ich Stellenanzeigen? Und wie bewerbe ich mich, wie überstehe ich das Vorstellungsgespräch?

Orientierungshilfe zu Auswahltests

Sie sind zum Auswahltest geladen und wissen nicht, wie sich vorbereiten? Diese Broschüre erklärt kostenlos, welche Auswahlverfahren es gibt, und beinhaltet zahlreiche Übungsaufgaben. Sie ist allerdings recht allgemein. Alternative Übungsmöglichkeiten gibt es im Buch *Auswahltests bestehen* aus der Reihe *Fit für den Job*.

Eigeninitiative: Wie Sie sich selbst helfen

Sie sollten sich bei der Jobsuche nicht nur auf die Arbeitsagentur verlassen. Zwar kann sie Ihnen auch bei diesen Wegen helfen, einen Job zu finden – etwa mit Beratung, Adressen und Nennung von Ansprechpartnern; dennoch sind Sie relativ auf sich gestellt, wenn Sie einen der folgenden Wege gehen – doch von dieser Eigeninitiative können Sie nur profitieren. Im Folgenden eine kurze Übersicht, wie Sie vielleicht selbst an einen Job kommen:

- *Aushänge:* z. B. an Schwarzen Brettern von Firmen.
- *Branchenbücher:* Sie bieten Firmenadressen klar nach Bereichen gegliedert und sind der Ausgangspunkt für weitere Recherchen: Finden Sie Internetadressen und Ansprechpartner heraus, versuchen Sie mehr über das Unternehmen zu erfahren.

- *Initiativbewerbungen:* Viele Stellen werden intern besetzt oder, da ein genügend großer Markt zur Verfügung steht, gar nicht erst ausgeschrieben. Mit einer Initiativbewerbung kann man daher Glück haben, wenn diese zur richtigen Zeit am richtigen Ort landet.
- *Internetauftritte von Firmen:* Viele, vor allem größere Firmen suchen ihr Personal auch über die eigene Site, z. B. unter der Rubrik *Job* oder *Stellenangebote*.
- *Praktika:* Vor allem für Jobeinsteiger eine gute Möglichkeit.
- *Persönliche Kontakte:* Eigentlich einer der besten Wege, einen Job zu finden. Verschweigen Sie in Ihrem Bekanntenkreis nicht, dass Sie auf Stellensuche sind und versuchen Sie, weitere Kontakte zu knüpfen – etwa durch Berufsverbände und auf Veranstaltungen.
- *Private Jobbörsen:* Sie sind oft auf einzelne Berufsgruppen spezialisiert, größere Jobbörsen sind auch branchenübergreifend.
- *Stellenanzeigen in der Zeitung:* Viele Firmen verlassen sich bei der Suche nach qualifiziertem Personal nicht auf die BA und inserieren lieber selbst. So mancher Personaler mag dabei auch denken, dass qualifizierte Kräfte entsprechend umworben sind und es nicht nötig haben, die Beratung beim Arbeitsamt in Anspruch zu nehmen.
- *Zeitarbeitsfirmen:* Sie sind einerseits eine gute Möglichkeit, verschiedene Stellen auszuprobieren, vieles zu lernen und berufliche Kontakte zu knüpfen. Aber: Das Jobhopping lässt Ihnen auch kaum Zeit, sich an einem Ort wirklich einzuarbeiten.

Infos: BA oder Bundesverband Zeitarbeit Personal-Dienstleistungen e.V.

Nicht vergessen: Was muss ich bei der Jobsuche beachten?

- Sich alle notwendigen Informationen vom Arbeitsamt holen.
- Wie bewerbe ich mich richtig – fragen Sie auf dem Arbeitsamt!
- Lassen Sie sich bei der BA genau erklären, wie der virtuelle Arbeitsmarkt funktioniert.
- Bin ich bereit, für einen Job umzuziehen?
- Wäre ein Job im Ausland möglich?
- Wie kann ich mich weiter qualifizieren? Nutzen Sie alle Möglichkeiten der BA.
- Gibt es für mich finanzielle Unterstützung wie Mobilitätsbeihilfen, Lohnkostenzuschüsse, Bewerbungskostenerstattung?
- Sind bestimmte Maßnahmen wie ABM, SAM oder die Einstellung in einer PSA möglich?
- Jobbörse, Praktikum oder Initiativbewerbung – welcher Weg zum Job ist der beste für mich?

Ein neuer Beruf? Orientierung, Ausbildung, Umschulung

Wenn Sie plötzlich arbeitslos geworden sind oder Ihren alten Beruf aus gesundheitlichen Gründen nicht mehr ausüben können, muss das nicht nur negativ sein. Vielleicht hatten Sie ohnehin keine Lust mehr auf Ihren Job, schleppten sich nur noch zur Arbeit – insgeheim wollten Sie aber etwas ganz Neues machen? Oder Sie hatten schon immer einen Traumberuf, in dem Sie Ihre wahren Fähigkeiten voll nutzen könnten? Sehen Sie die neue Situation daher als Wendepunkt, als Chance, neue Wege zu gehen – auch wenn Ihnen diese Sichtweise sicherlich am Anfang schwer fällt.

Aber wie geht man die Sache konkret an? Wie wäre es, einen ganz neuen Beruf zu lernen? Oder wer hilft Ihnen, wenn Sie noch zur Schule gehen und keine Berufserfahrung haben? Und was kommt für Sie in Frage: Umschulung oder Ausbildung? Was ist überhaupt der Unterschied? Hier finden Sie einen Überblick und erfahren auch, wie und an wen Sie sich beim Arbeitsamt wenden müssen.

	Ausbildung	Umschulung
Inhalt	Erlernen eines Berufes, duale Ausbildung (Theorie + Praxis)	Erlernen eines neuen Berufs, meist Theorie mit Praxisteilen
Ort	Betrieb und Berufsschule	spezielle Weiterbildungsinstitute
Berechtigt	Junge Leute bis ca. 25 Jahre (keine gesetzliche Grenze)	Bezieher von Alg u. Alhi (bzw. Alg II) (nicht ausbildungsberechtigt)
Dauer	3 Jahre	1 bis maximal 2 Jahre
Kosten	Keine; Ausbildungsgehalt; ggf. Zuschuss zum Gehalt durch das Arbeitsamt.	kostenlos bei Förderung durch Arbeitsamt (Bildungsgutschein), sonst eigenfinanziert
Zuständig	Berufsberater	Arbeitsberater
Antragsablauf	Ausbildungsstelle selbst suchen (Bewerbung beim Betrieb), Arbeitsamt bietet Beratung und Information	Antrag, bei Förderung Bildungsgutschein, passende Umschulung selbst suchen

Der Weg in die Berufsausbildung

Wenn Sie einen Ausbildungsplatz suchen (z. B. als Schulabgänger) oder gar keine Ahnung haben, was Sie werden wollen, dann sind Sie bei der Berufsberatung richtig. Beachten Sie dabei: Die BA geht davon aus, dass junge Menschen bis zum 25. Geburtstag weniger Probleme haben, einen Ausbildungsplatz zu finden – und dass es danach deutlich schwieriger ist, eine entsprechende Stelle zu bekommen. Dem Beamten, der mit 50 seine Liebe zum Handwerk entdeckt und eine Tischlerlehre machen will, legt das Arbeitsamt zwar keine Steine in den Weg. Aber es wird für ihn schwer sein, eine Lehrstelle zu finden, und auch die meisten Berufsberater werden skeptisch sein und sich bei Beratung und Stellenvermittlung zurückhalten. Daher wird ihm der Gang zur Berufsberatung wenig bringen!

Wenn Sie zu einem Berufsberater gehen wollen, können Sie einen Termin entweder im Arbeitsamt oder in Ihrer Schule vereinbaren (in viele Schulen kommen Berufsberater etwa einmal pro Monat). Erwarten Sie jedoch nicht zu viel von einem solchen Gespräch ... Als Ratsuchender können Sie selbst einen großen Teil zum Erfolg des Gesprächs beitragen. Wichtig ist dabei, dass Sie mit realistischen Vorstellungen zur Beratung kommen. Wenn Sie beispielsweise eine Ausbildung zum Fachinformatiker machen wollen, aber den Hauptschulabschluss gerade so mit Mühe geschafft haben, haben Sie wahrscheinlich keine guten Chancen, einen der begehrten Ausbildungsplätze zu bekommen. Und Ihr Berufsberater wird Ihnen da auch wenig Hoffnung machen. Da kann das eine große Enttäuschung sein. Bevor Sie aber nun unglücklich und auf den Berater schimpfend wieder nach Hause gehen, können Sie sich genauso gut helfen lassen.

Ein guter Berufsberater wird nämlich jetzt herausfinden: Was interessiert Sie an dem Beruf, welche Fähigkeiten bringen Sie mit? Und welche anderen Berufe passen zu Ihnen?

Die eigenen Interessen und Fähigkeiten

Wenn man noch zur Schule geht, fällt es schwer, die eigenen Interessen, Stärken und Schwächen realistisch einzuschätzen. Dazu kommt, dass man bei dem großen Informations- und Beratungsangebot leicht den Überblick verliert. Das Arbeitsamt kann hier nur beraten und Informationen geben, Ihnen die Berufswahl aber nicht abnehmen. Daher sollten Sie nicht zur Beratung kommen und erwarten, dass man Ihnen jetzt den perfekten Plan für Ihren weiteren beruflichen Werdegang vorsetzt, auch wenn das sicher sehr schön wäre. Werden Sie selbst aktiv und zeigen Sie, dass Sie engagiert daran arbeiten, den richtigen Beruf zu finden. Der Berufsberater wird sich freuen, dass Sie wissen, was Sie wollen – und Sie dabei unterstützen.

Wenn Sie gar keine Ahnung haben, was Sie machen wollen, wird der Berufsberater sich zunächst mit Ihnen über Ihre Lieblingsfächer in der Schule, Hobbys und Vorlieben unterhalten: Wann engagieren Sie sich mit großer Hingabe für etwas? Und in welchem Zusammenhang? Was hat Ihnen daran gefallen? Zum Beispiel ein Schüler, der seinem Vater häufig bei der Gartenarbeit hilft – der perfekte zukünftige Gärtner? Oder macht er das nur gerne, weil er danach eine Belohnung erhält? Sollte ein Mädchen, das mit viel Freude in einem Laden aushilft, Einzelhandelskauffrau werden? Oder gefällt ihr nur der Umgang mit Menschen, während sie an der Tätigkeit an sich gar kein Interesse hat? Es kommt aber neben den Interessen auch immer darauf an, ob man für einen Beruf geeignet ist. Bei aller Computerbegeisterung: Mit einer Fünf in Mathe hätten Sie kaum Chancen auf einen „Computerberuf". Der Berufsberater wird Ihre Chancen meist sehr realistisch bewerten – und das kann manchmal weh tun. Doch auch wenn es schwer fällt: Seien Sie ehrlich. Wenn Sie etwas verschweigen, schneiden Sie sich nur ins eigene Fleisch. Der Berater hilft Ihnen, Ihre Informationen zu strukturieren und zu sammeln, er nimmt auch Einschätzungen von anderen Leuten dazu. Aber er ist auch nur ein Mensch. Wenn Ihnen etwas an der Beratung nicht gefällt, dann sagen Sie das offen, damit es besser wird. Es mag aber auch sein, dass Sie mit dem Berater als Mensch gar nicht zurechtkommen. Dann sollten Sie versuchen, den Berater zu wechseln. Natürlich ist das nicht ganz einfach, aber Sie könnten es z. B. über den direkten Vorgesetzten des Berufsberaters versuchen. Ihr Berater sollte Ihnen diesen auf Wunsch nennen. Das ist allemal besser, als aufgrund einer schlechten Erfahrung nie wieder zur Berufsberatung zu gehen. Mit dem neuen Berufsberater machen Sie dann natürlich auch einen neuen Termin aus.

TIPP

Ein Berufsberater hilft Ihnen wie ein Werkzeug, Ordnung in Ihren Kopf zu bringen. Er ist weder allwissend noch unfehlbar. Aber unbequem: Mehr über die eigenen Stärken und Schwächen zu erfahren, tut manchmal weh. Und entscheiden, was Sie wollen, müssen Sie ganz alleine.

Ein großer Vorteil ist es, wenn Sie sich schon vor der Beratung klar machen, was Sie wollen und was nicht. Schreiben Sie z. B. alle Vorlieben und Abneigungen, Hobbys usw. auf eine Liste. Sie nehmen dem Berater damit eine Menge Arbeit ab und er hat dann mehr Zeit, andere Dinge mit Ihnen zu klären. Zur Unterstützung können Sie die Mappe *Mach's Richtig*, die Sie vielleicht auch schon in der Schule bekommen haben, durcharbeiten. Hier gibt es zahlreiche Checklisten und Persönlichkeitstests, die Ihnen helfen, Ihren Fähigkeiten auf die Spur zu kommen. Unter *http://www.machs-richtig.de* finden Sie zusätzlich ein Berufswahlprogramm. Aber glauben Sie nicht immer alles, was bei den Tests herauskommt, denn diese sind sehr allgemein gehalten. Überlegen Sie ehrlich, ob Sie sich in dem Ergebnis auch wiedererkennen.

Wenn alle Stricke reißen, sprich wenn Sie nach zahlreichen Beratungssitzungen und Informationen immer noch nicht weiter wissen, kann es sein, dass der Berufsberater Ihnen eine Untersuchung bei den Psychologen des Arbeitsamtes vorschlägt. Sie können sich eine solche Untersuchung ungefähr so vorstellen: Zunächst sprechen Sie mit dem Psychologen darüber, was Sie klären wollen (oder sollen) und wie er Ihnen dabei helfen kann. Der Psychologe erklärt Ihnen auch, welche Bedeutung der Test, den er mit Ihnen machen wird, für Ihre Frage hat. Bei dem eigentlichen Test bearbeiten Sie verschiedene Fragen und Aufgaben, mit denen man Ihre praktischen und intellektuellen Fähigkeiten, Ihre Neigungen oder Ihre Eignung für einen bestimmten Beruf herausfinden will.

Eine solche Analyse läuft ungefähr so ab wie ein Auswahltest (etwa Aufgaben aus den Bereichen Rechnen, Schreiben, logisches Denken). Vielleicht fragt Sie der Psychologe aber auch einfach nach Ihren persönlichen Interessen. Nach dem Test haben Sie ein weiteres Gespräch mit dem Psychologen, in dem er Ihnen die Ergebnisse der Testverfahren erklärt. Wenn es noch Unklarheiten gibt, bekommen Sie eine eingehendere psychologische Beratung (ohne Tests), bei der der Psychologe dann versucht, auf Ihre ganz individuellen Probleme einzugehen.

Ob das Ganze etwas bringt, hängt sehr davon ab, wie sehr Sie daran interessiert sind, dass man Ihnen hilft. Ein Beispiel: Natürlich können Sie es als Schikane des Arbeitsamtes ansehen, wenn man Ihnen Ihren Traumberuf Bürokaufmann ausreden will, weil Sie bei allen Rechenaufgaben schlecht abgeschnitten haben. Möglicherweise hatten Sie einfach nur einen schlechten Tag, und das Ergebnis ist nicht repräsentativ für Ihre Leistungen. Aber: Vielleicht sind Sie wirklich nicht für diesen Beruf geeignet? Daher: Nutzen Sie die psychologische Untersuchung als eine von vielen Möglichkeiten, um herauszufinden, was Sie überhaupt wollen. Der Test ist vermutlich viel zu allgemein, um wirklich etwas über *Sie* als Person aussagen zu können, und auch der Psychologe dürfte mehr als ein paar Gespräche brauchen, um Sie ganz zu verstehen. Aber das Ergebnis kann Ihnen bei Ihrer persönlichen Orientierung helfen. Lassen Sie sich weder vom Berufsberater noch vom Psychologen etwas ein- oder ausreden, aber versperren Sie sich auch nicht gänzlich gut gemeinten Ratschlägen und seien Sie daher ehrlich bei allen Angaben. Wenn Sie von Anfang an aber überhaupt keine Lust auf die Untersuchung haben und Ihr Urteil, dass es nichts bringt, schon feststeht, dann können Sie sich den Weg ebenso gut sparen!

Der richtige Beruf

Wenn Sie schon wissen, wo Ihre Interessen liegen: um so besser. Dann können Sie mit dem Berater gleich in die Berufswahl einsteigen. Vielleicht haben Sie bereits ungefähre Ideen, welchen Weg Sie einschlagen wollen, und möchten nun mehr darüber wissen. Fragen Sie also bei der Beratung gezielt nach. Das Arbeitsamt organisiert darüber hinaus auch Vorträge zur Berufsorientierung. Ein Berufsberater ist aber kein wandelndes Lexikon und hat nicht alle Berufe und Berufswege im Kopf. Er kennt vor allem Berufe mit einer gesetzlich geregelten Ausbildung. Streben Sie hingegen einen Job mit einem ungeregelten Zugang oder ganz ohne Ausbildung an – z. B. Aushilfstätigkeiten, Jobs im künstlerischen Bereich o. Ä. –, sind Sie beim Berufsberater eher an der falschen Adresse. Lassen Sie sich von evtl. unfreundlichen Reaktionen auf Ihre Fragen nicht einschüchtern: Vielleicht hat der Berater gerade einen schlechten Tag. Oder Sie haben ihn etwas gefragt, was er nicht weiß, und das ist ihm peinlich, was er nun nicht zugeben möchte. Generell wird Ihnen der Berater auch eher zu einer geregelten Ausbildung raten. Die BA hat damit einfach mehr Erfahrung. Obwohl die Berufsberatung sich viel weniger als die Arbeitsberatung am Markt orientieren muss, geht es natürlich auch hier vor allem darum, dass Sie nicht arbeitslos werden – bei Jobs ohne Ausbildung oder mit ungeregeltem Zugang ist dieses Risiko aber höher. Das sollten Sie sich klar machen. Wenn Sie also merken, dass Sie bei der Beratung nicht weiter kommen, aus welchem Grund auch immer: Werden Sie selbst aktiv und finden Sie mehr über Ihren Wunschberuf heraus, z.B. bei Berufsverbänden und Leuten, die den Job bereits machen. Vielleicht kann Ihnen Ihr Berufsberater mit Adressen weiterhelfen oder Ihnen sagen, wo man sie bekommen kann. Eine gute Anlaufstelle sind die BIZ, die gerade für Jugendliche ein großes Berufskundeangebot bereithalten, das man teilweise auch zu Hause nutzen kann.

Informationsmedien der BA zur Berufsorientierung

- *BERUFEnet:* Es beschreibt Berufsbilder mit geregelter Ausbildung von A-Z und gesamte Berufskomplexe (z. B. Sozialberufe, kaufmännische Berufe usw.), zeigt notwendige Fähigkeiten, Gehalt und Berufschancen auf. Direkte Links führen zu *KURS* (Datenbank für Aus- und Weiterbildung) und zu freien Ausbildungsstellen. Geben Sie zur Suche am besten allgemeine Berufsbezeichnungen ein, z. B. „Kaufmann", da dann der ganze Berufskomplex angezeigt wird. *(http://www.berufenet.de)*
- *Blätter zur Berufskunde* und *Mappen zur Berufskunde*: Sie sind in jedem BIZ nur vor Ort einsehbar und enthalten Beschreibungen und Material zu Ausbildungsberufen.
- *Videos und Filme über Beruf und Arbeit:* Die Titel zu verschiedenen Berufsbildern und anderen Berufsthemen können in jedem BIZ kostenlos angesehen werden. Eine Titelübersicht gibt es unter *http://www12.arbeitsamt.de/hst/services/filmkatalog/filmkatalog.pdf* oder in den BIZ als Broschüre zum Mitnehmen.
- *Was Werden:* Die Zeitschrift (im BIZ) beschreibt Berufsbilder und behandelt Themen rund um die Berufswahl: *(http://was-werden.de)*
- *Beruf Aktuell:* Das Taschenbuch wird jährlich von der BA herausgegeben und in jedem BIZ kostenlos verteilt. Hier finden Sie ein Berufe-Lexikon, das alle Ausbildungsberufe in alphabetischer Reihenfolge auflistet, sowie Tätigkeitsfelder, gesetzliche Regelungen und

viele weitere Informationen. Zahlreiche Verlage bieten auch andere Berufswahl-Lexika an.

- *Mach's Richtig:* Der Ordner mit Materialien zur Berufswahl und Bewerbung soll Jugendlichen mit Infos zu verschiedenen Berufen, Checklisten, Persönlichkeitstests, netten Geschichten und bunten Bildchen helfen, sich über eigene Fähigkeiten und Interessen klar zu werden und den richtigen Beruf zu finden. *(http://machs-richtig.de)*

TIPP

Sich vor der Berufsberatung über Berufsbilder zu informieren, ist besser und spart Zeit und Frust. Wenn Sie dem Berater zeigen, dass Sie sich aktiv bemühen, bereits wissen, was Sie wollen, und nicht alles ihm überlassen, engagiert er sich stärker.

Sie haben die Möglichkeit, über die Berufsberatung einen Platz für ein Schnupperpraktikum zu bekommen und auf Messen Arbeitgeber kennen zu lernen. Natürlich ist die Berufsberatung auch eine Jobvermittlung, die Sie dabei unterstützt, eine passende betriebliche oder schulische Ausbildung zu finden, und Sie mit entsprechenden Adressen und Bewerbungstipps versorgt. In bestimmten Fällen ist sogar eine finanzielle Förderung der Ausbildung möglich. Wenn Sie sich vor der Ausbildung erst noch weiter qualifizieren wollen, informieren Sie sich bei der Beratung über ausbildungsvorbereitende Lehrgänge.

Wie kann ich mich beruflich orientieren – und wie hilft die Beratung?	
Falsch	Richtig
Unvorbereitet zur Beratung: Der Berater ist kein Berufslexikon und Sie brauchen die Zeit für wirklich wichtige Fragen.	Eigene Wünsche klar definieren, sich erst informieren, dann dem Berater gezielte Fragen stelen.
Mit der rosaroten Brille zur Berufsorientierung.	Vorab klären, ob die Vorstellung vom Wunschberuf zur Realität passt.
Eine ehrliche Selbsteinschätzung ablehnen.	Ehrlich sein, wenn der Berater Ihre Stärken und Schwächen analysiert – nur so erkennen Sie, welcher Beruf passt.
Der Berater hat immer Recht.	Bei Frust dem Berater klar sagen, was Ihnen nicht gefällt, notfalls zum Kollegen gehen.

Die Umschulung

Bei einer Umschulung lernen Sie einen Beruf ganz neu, es handelt sich also um eine Art zweite Ausbildung, die bis zu zwei Jahren dauern kann. Beim Arbeitsamt läuft die Umschulung unter „Weiterbildung“ (siehe Seite 63 ff.). Wenn Sie eine Umschulung ins Auge gefasst haben, ist der Arbeitsberater der richtige Ansprechpartner.

Bedingungen

Umschulungen werden in manchen Fällen gefördert – nämlich dann, wenn man beim Arbeitsamt glaubt, dass Sie in Ihrem derzeitigen Beruf kaum Chancen auf Arbeit haben und nach der Umschulung besser einen Job finden. Wenn das so ist, erhalten Sie einen Bildungsgutschein. Damit können Sie selbst unter den verschiedenen Anbietern von Umschulungen, so genannten Bildungsträgern (Schule, Institution, Verein usw.), suchen. Welcher Träger für Sie infrage kommt, sollten Sie vorher herausfinden. In der Datenbank *KURS*, auf die Sie über die Website der BA kommen, sind jene Angebote verzeichnet, die die BA bereits zugelassen („zertifiziert") hat.

Es lohnt sich in jedem Fall zu prüfen, ob der Bildungsträger zu Ihnen und Ihren Bedürfnissen passt. Am besten, Sie schauen sich die Lern- und Arbeitsbedingungen vor Ort persönlich an und führen ein Gespräch mit einem Verantwortlichen. Versuchen Sie auch, mit Teilnehmern (Kontakt ggf. übers Arbeitsamt, die Bildungsträger oder das Schwarze Brett dort) ins Gespräch zu kommen. Die wissen nämlich am besten, welche Vor- und Nachteile die Umschulung haben könnte.

Nicht nur „zertifizierte" Umschulungen werden gefördert. Es gibt aber Auflagen des Arbeitsamts. So muss die Umschulung die Inhalte haben, die auf dem Bildungsgutschein beschrieben sind. Fragen Sie danach, was für Sie infrage kommt.

Beispiele
Wenn Sie Dachdecker sind und der Arzt Ihnen bescheinigt, dass Sie wegen Rückenproblemen nicht mehr arbeiten können, haben Sie gute Chancen auf einen Bildungsgutschein. Ebenso als Floristin, die an ihrem Wohnort keinen Job mehr findet, wegen ihrer Familie aber nicht umziehen kann und nun Altenpflegerin werden möchte. Ein „Recht" auf eine Förderung gibt es jedoch nicht, auch wenn die Umschulung in *KURS* verzeichnet ist – denn hier werden die Maßnahmen nur aufgelistet. Der Arbeitsberater prüft sehr genau, ob es nicht doch noch eine andere Möglichkeit gibt, ob z. B. auch eine Anstellung als ungelernte Kraft infrage kommt, ob es nicht an einem anderen Ort eine entsprechende Stelle gibt oder ob Sie vielleicht doch eine Ausbildung machen können. Ihre fachlichen und persönlichen Fähigkeiten sollten für den neuen Job geeignet sein. Dazu kommt noch: Das Arbeitsamt fördert Ihre Umschulung nur dann, wenn Sie später dadurch auch einen neuen Job finden können. Ein Drogist, der zum Chemielaborant umschulen will, weil er dann in einem bestimmten Chemieunternehmen arbeiten kann, hat bessere Aussichten als die Bürokauffrau, die ohne Anstellungsaussichten Maskenbildnerin werden möchte.

Diese Beispiele verdeutlichen noch einen anderen Aspekt: Wenn Sie Vorkenntnisse haben, auf die die Umschulung aufbauen kann (hier der Drogist/Chemielaborant), haben Sie höhere Chancen, gefördert zu werden – denn dann wird die Umschulung kürzer und billiger.

TIPP Argumente, die Berater überzeugen können: „Wenn ich weiter als ungelernter Arbeiter jobbe, stehe ich bald wieder auf der Straße"; „In der neuen Chemiefabrik kann ich nach der Umschulung Arbeit finden" oder „Umziehen kann ich wegen der Familie nicht".

Auch das Arbeitsamt muss heutzutage Kosten sparen. Sie können deshalb nicht automatisch davon ausgehen, einen Bildungsgutschein zu bekommen. Besonders schlecht sieht es aus, wenn Sie einfach keine Lust mehr auf Ihren alten Job haben – wie etwa die Krankenschwester, die mit ihrem momentanen Beruf unzufrieden ist und nun Ergotherapeutin werden möchte. Sie muss wohl eine Umschulung selbst bezahlen. Überlegen Sie genau: Wie wichtig ist *Ihnen* eine Umschulung? Überlegen Sie genau: Wollen Sie sie nur machen, wenn Sie gefördert werden, oder um jeden Preis? Und Sind Sie bereit, das selbst zu bezahlen, oder verzichten Sie lieber?

Die Kosten für Umschulungen können ganz unterschiedlich hoch sein und hängen von Art, Dauer und Anbieter der Umschulung ab. Auf Seite 73 ff. finden Sie im Abschnitt „Kosten" dazu detailliertere Informationen mit Preisbeispielen. Rufen Sie daher bei verschiedenen Anbietern an, schauen Sie sich die Angebote auf deren Website an oder gehen Sie vorbei (Termin ausmachen!). Adressen finden Sie in der Datenbank *KURS* (Zugang unter *www.arbeitsagentur.de*), über die IHKs unter *http://www.wis.ihk.de* oder über den jeweiligen Berufsverband.

Beispiel
Nachgefragt hat auch unsere Krankenschwester bei mehreren Anbietern und dabei festgestellt, dass eine entsprechende Umschulung sie etwa 400 € im Monat kosten wird, und das drei Jahre lang, pro Jahr für 11 Monate. Nun sucht sie nach einer billigeren Alternative und hat Glück: Einige Bereiche ihrer Krankenschwesterausbildung decken sich mit dem Inhalt der Umschulung und werden angerechnet. So verkürzt sich die Umschulung um ein Jahr.

Übrigens: Es kann sein, dass Sie in vielen Berufen bald auch eine „Externenprüfung" machen dürfen, bei der Sie die entsprechende Prüfung ohne Schulung ablegen und sich das nötige Wissen extern selbst aneignen können. Das erfordert zwar viel Initiative, schont aber den Geldbeutel. Sie müssen dann nur die Prüfungsgebühr, meist einige hundert Euro, bezahlen, das ist weit weniger als die gesamte Umschulung. Sie sollten auf alle Fälle beim zuständigen Berufsverband (z. B. dem Verband deutscher Ergotherapeuten o. Ä.) oder der Kammer (IHK, Handwerkskammer) nachfragen, ob und wann eine Verkürzung der Umschulung möglich ist.
Weitere Informationen in den Broschüren der BA: „Förderung der beruflichen Weiterbildung" und „was? wieviel? wer? Finanzielle Hilfen des Arbeitsamtes auf einen Blick".

Welcher Job passt zu mir?

Es dürfte Ihnen klar geworden sein, dass es bei der Arbeitsberatung weit weniger als bei der Berufsberatung um die Frage „Was will ich machen" geht. Die meisten Menschen können nach einigen Jahren Berufserfahrung ihre Stärken und Schwächen besser einschätzen als Berufsanfänger.

Dementsprechend werden zunächst vor allem die technischen Aspekte behandelt, d. h. welche Möglichkeiten es gibt oder ob die Umschulung gefördert wird oder nicht. Aber auch wenn Sie gar keine Ahnung haben, was Sie machen wollen, kann Ihnen die Beratung helfen. Der Arbeitsberater oder, je nachdem wer Sie betreut, der Arbeitsvermittler erstellt von Ihnen ein Profil, um Ihren Fähigkeiten auf die Spur zu kommen und herauszufinden, welcher Beruf am besten zu Ihnen passt und in welche Stellung man Sie am erfolgreichsten vermitteln könnte bzw. ob Sie für die Umschulung geeignet sind. Doch keine Angst, Sie werden nicht psychologisch untersucht, der Berater macht sich lediglich mit Hilfe von Checklisten klar, wen er vor sich hat. Wenn Sie diese Art der Durchleuchtung nicht mögen, können Sie das Angebot nicht nutzen. Wenn Sie zur Arbeitsberatung gehen, müssen Sie sich damit abfinden. Nutzen Sie also die Chance, die Ihnen dieses so genannte „Profiling“ bietet, um mehr über sich selbst herauszufinden.

TIPP

Wenn Sie nicht wissen, was Sie wollen: Finden Sie heraus, was Sie nicht wollen. Nehmen Sie *Beruf Aktuell,* das Sie ja in jedem BIZ kostenlos mitnehmen können; streichen Sie alle Berufe durch, die Sie nicht interessieren, und schauen Sie, was übrig bleibt.

Sie können auch selbst aktiv werden: Fragen Sie nach der Mappe *JOBPROFI*. Die Broschüre *Standort* hilft Ihnen unter anderem mit Checkliste und Fragebögen, Ihre persönlichen Leistungsmerkmale herauszufinden, der Wegweiser kann Ihnen zeigen, welcher Beruf für Sie in Frage kommt. Ohnehin ist auch bei der Arbeitsberatung Eigeninitiative ein wichtiges Steinchen in der Erfolgsmauer. Denn das Arbeitsamt kann Sie beraten und informieren – wichtige Entscheidungen müssen Sie jedoch selbst treffen und verwirklichen, das kann Ihnen kein Berater abnehmen. Wenn Sie z. B. erwarten, dass der Berater Ihnen alle Berufe aufzählt, die für Sie in Frage kommen, verschwenden Sie seine und Ihre Zeit. Sinnvoller ist es, sich vorab über mögliche Berufe und Umschulungsangebote zu informieren. Das können Sie mit dem *BERUFEnet, (http://www.berufenet.de),* das über alle Berufe informiert, oder der Datenbank *KURS* – beide erreichen Sie von zu Hause aus oder an den Computern im BIZ. Es gibt dort auch ein großes Printangebot: die Blätter und Mappen zur Berufskunde und das jährlich herausgegebene Taschenbuch *Beruf Aktuell.* Wenn Sie Informationen zu einem bestimmten Berufsbild suchen, beachten Sie: Die Bezeichnung, unter der Sie einen Beruf vielleicht kennen, z. B. Einzelhandelskaufmann, könnte in den Medien des Arbeitsamtes anders lauten, z. B. Kaufmann im Einzelhandel. Da Sie davon ausgehen können, dass Sie die BA über alle Ausbildungsberufe informiert, sollten Sie stets unter verschiedenen oder allgemeinen Bezeichnungen suchen – das gilt auch für die Suchbegriffe in den Datenbanken. Wenn Sie solcherart vorbereitet in ein Beratungsgespräch gehen, wird der Berater sehen, dass Sie sich Gedanken gemacht haben, und sich aktiv um eine Verbesserung Ihrer Situation bemühen und Ihnen bereitwilliger und mit mehr Engagement helfen.

Nicht vergessen: Bei Umschulung oder Ausbildung klären . . .

- Was ist mir bei der Berufswahl wichtiger (Selbstverwirklichung, hohes Gehalt, Sicherheit)? Wo kann ich Abstriche machen?
- Wo bin ich gut? Was begeistert mich wirklich?
- Welchen Beruf möchte ich ergreifen? Entspricht die Tätigkeit meiner Vorstellung?
- Erfülle ich die Voraussetzungen, etwa durch meine Vorkenntnisse und Schulbildung, oder muss ich etwas nachholen?
- Bin ich wirklich bereit, mich dafür persönlich stark zu engagieren und Opfer zu bringen, z. B. einen Wohnortwechsel?
- Wo bekomme ich Informationen/Adressen?
- Wie lange darf der Anfahrtsweg sein, wie viel Zeit kann ich aufbringen?
- Kann ich die Ausbildung/Umschulung verkürzen?
- Kostet mich die Umschulung/Ausbildung etwas? Wie kann ich das bezahlen, oder gibt es eine Förderung?
- Finde ich hinterher leicht(er) einen Job?

Weiterbildung und Training

Wenn Sie sich beruflich weiter qualifizieren wollen, können Sie unter bestimmten Voraussetzungen eine Förderung durch die BA bekommen. Dabei unterscheidet das Arbeitsamt zwei Arten von Maßnahmen, die auch auf unterschiedliche Weise gefördert werden: Weiterbildungs- und Trainingsmaßnahmen. Einen Rechtsanspruch haben Sie aber auf keine der Maßnahmen.

Weiterbildung

Zunächst eine kurze Begriffserklärung: Zur *Weiterbildung* gehören *Umschulung, Fortbildung* und *Berufsanpassung.* Die Umschulung kennen Sie bereits aus dem letzten Kapitel, hier erfahren Sie nun alles über die anderen beiden Weiterbildungsarten.

Eine *Fortbildung* ist für Sie dann sinnvoll, wenn Sie mit Ihrer bisherigen Ausbildung keinen Job mehr finden und sich deswegen auf der Grundlage Ihrer momentanen Fähigkeiten weiterbilden müssen bzw. wollen. Dazu gehört der Kaufmann, der seinen Betriebswirt machen möchte, ebenso wie der Handwerksgeselle, der seine Meisterprüfung ablegen will. Aber auch der Hilfsarbeiter ohne Berufsabschluss, den er nun nachholen will, kann dazu eine Fortbildung beantragen.

Was, Wer, Wie lange? Die wichtigsten Maßnahmen im Überblick				
	Weiterbildungsmaßnahmen			**Trainings-maßnahmen**
	Umschulung	*Fortbildung*	*Berufsanpassung*	
Zweck	berufliche Neuorientierung	Auf bisherigen Kenntnissen aufbauend	Kenntnisse auf den neuesten Stand bringen	schnell vermittelbare Kenntnisse
Inhalt	neuer Beruf, eine Art Ausbildung für >/=25.	z. B. Berufsabschlüsse, Betriebswirt, Meisterprüfung	Neuerungen im gewandelten Beruf (z. B. Computer)	Sprachkurse, Bewerbungscoaching u. Ä.
Förderungsberechtigt	Bezieher von Alg/Alhi (bzw. diejenigen, deren Jobaussichten dadurch besser werden		Berufsrückkehrer, die lange nicht gearbeitet haben	Arbeitslose o. v. Arbeitslosigkeit Bedrohte
Dauer	abhängig vom Inhalt 1 Woche bis 2 Jahre			max. 12 Wochen
Antragstellung	Beratung beim Arbeitsberater, bei Förderungsgenehmigung Bildungsgutschein, aber geeignete Maßnahme selbst suchen			Beratung, kein Gutschein, AA organisiert

Wenn Sie hingegen mehrere Jahre nicht mehr gearbeitet haben (etwa weil Sie weil Sie sich um Ihre Familie kümmerten), werden Sie als Berufsrückkehrer bezeichnet. Dann können Sie eine *Berufsanpassung* bekommen, mit der Ihre Fähigkeiten und Ihr Wissen auf den neuesten Stand des Berufsalltags gebracht werden soll – schließlich hat sich viel verändert! Die Buchhalterin etwa, die sich 15 Jahre lang der Kindererziehung gewidmet hat, muss nun erst den Umgang mit dem Computer erlernen, während sie ihr Fachwissen weiter nutzen kann.

Die Dauer solcher Lehrgänge ist sehr unterschiedlich, von einer Woche bis zu zwei Jahren. Es kommt darauf an, was vermittelt werden soll. Da jeder Teilnehmer andere Vorkenntnisse mitbringt, auf denen die Weiterbildung aufbauen soll, arbeiten viele Bildungsträger mittlerweile nicht mehr mit einem kompletten Lehrgang, sondern mit „Modulen", in die man je nach Vorwissen ein- und aussteigen kann. Man kann also genau die Teile der Weiterbildung wählen, in denen man Lücken schließen kann. Dadurch sind die Maßnahmen auch billiger.

Wann und wie Sie eine Weiterbildung bekommen

Aus Sicht des Arbeitsamts muss die Weiterbildung helfen, Arbeitslosigkeit zu beenden, oder verhindern, dass man arbeitslos wird. Sie sollten allerdings auch nachweisen, dass Sie sich heftig bemüht haben, auch ohne Weiterbildung einen neuen Job zu finden. Auch hierfür kann Ihnen das „Tagebuch" (siehe Seite 15 f.) wertvolle Dienste leisten. Bisher mussten Sie, außer als Berufsrückkehrer, in den letzten drei Jahren mindestens 12 Monate lang versicherungspflichtig gearbeitet, Arbeitslosengeld oder -hilfe erhalten haben.

Ab Januar 2005 können dann wahrscheinlich diejenigen, die Arbeitslosengeld II beziehen, eine Weiterbildung bekommen, wenn diese sie ins Berufsleben zurückbringt. (Achtung: Wegen der noch laufenden Veränderung der Gesetze kann sich hier evtl. noch etwas ändern.)

Für alle Weiterbildungen gibt das Arbeitsamt Bildungsgutscheine aus, die Sie nur nach eingehender Beratung beim Arbeitsberater bekommen – wenn Sie die Bedingungen erfüllen und der Berater zustimmt. Das Arbeitsamt überlässt Ihnen damit die Initiative. Ihr Vorteil: Sie können eine Bildungsmaßnahme finden, die genau auf Ihre Bedürfnisse zugeschnitten ist und Ihnen nicht einfach übergestülpt wird. Der Nachteil: Sie sind bei der Suche nach einer geeigneten Bildungsmaßnahme auf sich gestellt. Daher sind auf den Gutscheinen, um zu verhindern, dass Sie das Falsche auswählen, Dauer und Lernziel genau definiert.

Selbst aktiv werden!

Wenn Sie nun selbst nach einer geeigneten Weiterbildung suchen müssen, bietet sich die Datenbank *KURS* oder das Informationssystem der IHK an. Hier finden Sie so genannte Bildungsträger (Institutionen, Vereine, Schulen, Übungswerkstätten usw.), denen zumeist eine ausreichende Qualität bescheinigt wurde („Zertifizierung"). Um anerkannt zu werden, muss der Träger z. B. folgende Auflagen erfüllen: geeignete Räume und vernünftige Unterrichtsbedingungen, Dozenten mit ausreichender Qualifikation, die sie unter anderem durch Zeugnisse belegen müssen. Der Bildungsträger verpflichtet sich außerdem, Sie später bei der Wiedereingliederung in den Beruf zu unterstützen. Dadurch

haben Sie immerhin eine gewisse Sicherheit, eine gute Weiterbildung zu bekommen.
Weitere Informationen in KURS (Zugang über www.arbeitsagentur.de), über die IHK oder andere Kammern.

Wenn Sie konkrete Fragen zu einzelnen Maßnahmen haben, hilft Ihnen Ihr Arbeitsberater sicher weiter. Nehmen Sie aber auch ruhig einmal Kontakt zu verschiedenen Bildungsträgern auf oder – noch besser – vereinbaren Sie einen Termin und gehen Sie hin! Vor Ort erfahren Sie am besten, ob die Leute nett und die Unterrichtsbedingungen gut sind, sprich: ob Sie sich hier wohlfühlen werden – ganz wichtig für Ihren Lernerfolg! Fragen Sie etwa, wie viele Teilnehmer es pro Kurs gibt, ob die Lehrer häufig wechseln, wie viele Pausen es gibt und wie viele Unterrichtsstunden Sie an einem Tag haben. Als starker Raucher brauchen Sie wahrscheinlich ein System mit vielen kleinen Pausen und wenn Sie zu der Sorte Mensch gehören, die alles möglichst schnell hinter sich bringt, ist ein Drei-Stunden-pro-Tag-Rhythmus nichts für Sie!

Knüpfen Sie auch Kontakte zu Leuten, die Ihre Maßnahmen bereits absolviert haben oder noch drinstecken, z. B. über das Schwarze Brett an der „Schule“, über den Bildungsträger oder den Arbeitsberater; obwohl diese natürlich wegen des Datenschutzes keine Adressen herausgeben dürfen, können Sie in Einzelfällen vielleicht Kontakt zu Absolventen herstellen. Und: Natürlich können Sie nur die Weiterbildungen machen, die auch für Sie geeignet sind, z. B. können Sie keine Europasekretärin werden, wenn Sie kein Abitur haben.

Was wird bezahlt?

Das Arbeitsamt übernimmt mit dem Bildungsgutschein vor allem die Kosten des Lehrgangs. Dazu gehören Lernmittel und Arbeitskleidung ebenso wie Prüfungsstücke und Prüfungsgebühren. Zusätzlich bezahlt Ihnen das Arbeitsamt pauschal die Fahrtkosten zur Bildungsstätte. Es ist also vorteilhaft, wenn die Weiterbildung möglichst nah an Ihrem Wohnort stattfindet, denn das kostet die BA weniger Geld – und Ihre Förderung wird wahrscheinlicher. Wenn in der Nähe keine geeignete Maßnahme stattfindet, erstattet man Ihnen auch die Kosten für Unterbringung und Verpflegung. Dabei ist es meistens egal, ob die Maßnahme in einem anderen Bundesland stattfindet. In manchen Fällen ist das gar nicht anders möglich, denn bestimmte Maßnahmen werden deutschlandweit nur an wenigen Orten durchgeführt.

Wenn Sie Arbeitslosengeld oder -hilfe (bzw. Arbeitslosengeld II) erhalten, wird dieses auch ab Januar 2005 weiter bezahlt. Derzeit bekommen Sie Unterhaltsgeld zur Deckung Ihrer Lebenshaltungskosten. Arbeiten Sie neben der Weiterbildung, verringern sich die Ansprüche entsprechend. Während der Weiterbildungszeit sind Sie automatisch in der gesetzlichen Kranken- und Pflegeversicherung. Falls Sie im letzten Jahr vor Beginn der Weiterbildung rentenversichert waren, bleiben Sie das auch weiterhin, wenn nicht, können Sie einen entsprechenden Antrag stellen. Die BA übernimmt ggf. alle Versicherungen. Während der Weiterbildung und der Fahrt dorthin sind Sie in jedem Fall auch unfallversichert. Wird die Weiterbildung während eines bestehenden Arbeitsverhältnisses durchgeführt, kann Ihr Arbeitgeber einen Zuschuss zu Ihrem Lohn erhalten. Geld bekommt er außerdem, wenn er Ihnen damit einen Berufsabschluss ermöglicht und vertretungsweise einen Arbeitslosen einstellt.

Mehr zu den Bedingungen der Weiterbildung erfahren Sie in den Broschüren „Förderung der beruflichen Weiterbildung" und „was? wieviel? wer? Finanzielle Hilfen des Arbeitsamtes auf einen Blick".

Trainingsmaßnahmen

Trainingsmaßnahmen heißen offiziell „Maßnahmen zur Verbesserung der Eingliederungsaussichten". Sie dauern in der Regel nicht länger als zwölf Wochen. Sie sollen Sie bei der Berufsorientierung unterstützen und Ihre Chancen bei der Jobvermittlung verbessern: etwa durch Sprachkurse, Bewerbungscoachings oder Existenzgründungsberatungen. Beispiele: eine Büroangestellte, die für den neuen Job Excel-Kenntnisse braucht. Oder der Lagerarbeiter mit einer konkreten Aussicht auf einen Job – es fehlt nur noch der Staplerschein. Zu den Trainingsmaßnahmen gehören aber auch „Eignungsfeststellungen" – psychologische Tests, mit deren Hilfe die BA überprüft, ob und was Sie arbeiten können (und wollen), und die im Wesentlichen genauso ablaufen wie die Untersuchungen, die die Berufsberater Schülern vorschlagen (siehe Seite 50 f.). Diese auf den ersten Blick recht unterschiedlichen Maßnahmen haben eines gemeinsam: Sie sollen konkret den Weg zurück in den Beruf erleichtern. Bedingung ist natürlich, dass Sie arbeitslos oder zumindest von Arbeitslosigkeit bedroht sind. Ein Vorteil: Sie müssen, im Gegensatz zur Weiterbildung, nicht zwingend einen Anspruch auf Arbeitslosgeld oder -hilfe (bzw. Alg II) haben. Nicht nur das macht die Trainingsmaßnahmen so attraktiv: Das Arbeitsamt organisiert diese Maßnahme selbst. Für Sie entfällt der Aufwand mit dem Bildungsgutschein. Zudem sind Trainingsmaßnahmen kürzer als Langzeitweiterbildungen. Wird eine Trainingsmaßnahme durchgeführt, während Sie im Job sind, kann Ihr Arbeitgeber einen Zuschuss erhalten.

TIPP Trainingsmaßnahmen sind billiger als eine Weiterbildung und werden daher häufiger gefördert. Sie führen meist schneller zum Ergebnis, müssen aber nicht schlechter sein.

Mehr zu den Bedingungen für Trainingsmaßnahmen erfahren Sie in der Broschüre „was? wieviel? wer? Finanzielle Hilfen des Arbeitsamtes auf einen Blick".

Beim Arbeitsberater: Meine Taktik für eine Förderung

Damit Ihr Wunsch Weiterbildung oder Training überhaupt gefördert wird, muss „die Notwendigkeit" dazu bestehen. Im Klartext: Die BA fördert Sie nur, wenn Ihre Arbeitslosigkeit abgewendet werden kann oder Sie keine andere Möglichkeit haben, einen Job zu finden, als sich weiterzubilden. Einige Beispiele: Wenn Sie nicht für eine Arbeit in eine andere Stadt ziehen können, weil Sie Familie haben. Oder wenn Sie Ihnen in der neuen Fabrik schon eine Stelle angeboten wurde, für die Sie eine konkrete Zusatzqualifikation brauchen. Und selbst in diesen Fällen haben Sie keinen Rechtsanspruch, sondern können nur hoffen, dass der Arbeitsberater Ihrem Anliegen zustimmt.

Machen Sie sich vor jedem Beratungsgespräch klar: Es wird nicht leicht, eine Förderung zu erhalten. Aber mit guten Argumenten können Sie den Berater vielleicht überzeugen. Sagen Sie nicht: „Ich habe keine Lust mehr, herumzujobben", sondern argumentieren Sie: „Wenn ich weiter als ungelernte Kraft arbeite, stehe ich bald wieder auf der Straße". Dann würden Sie nämlich Arbeitslosengeld beziehen – und das will das Arbeitsamt vermeiden. Daher wird man sich überlegen, ob es sich lohnt, Ihren Berufsabschluss zu finanzieren. Überlegen Sie, welche der Förderungsbedingungen am ehesten auf Sie zutreffen. Machen Sie sich eine Liste aller Argumente – und aller Gegenargumente, um zu testen, wie stichhaltig Ihre Argumentation wirklich ist.

Gehen Sie taktisch vor: Liefern Sie dem Arbeitsberater wirklich gute Argumente, warum Sie ohne Weiterbildung/Training nicht weiterkommen.

TIPP

Seien Sie nicht zu enttäuscht, wenn es nicht klappt. Vielleicht hat der Arbeitsberater wirklich keine Mittel mehr – wenn der Topf leer ist, kann nichts mehr gefördert werden. Versuchen Sie nicht, hitzig auf den Berater einzureden, sondern bleiben Sie ruhig und sachlich – das wird Ihnen Pluspunkte einbringen, auch im Hinblick auf spätere Beratungsgespräche. Vielleicht ist es nicht das letzte Mal, dass Sie bei Ihrem Arbeitsberater vorbeischauen müssen. Kommen Sie ihm entgegen. Machen Sie sich klar: Er will Ihnen vielleicht helfen, aber ihm fehlen die finanziellen Mittel. Also bieten Sie von sich aus billigere Varianten an – z. B. einfache Trainingsmaßnahmen oder einzelne Weiterbildungsmodule. Der Arbeitsberater sieht dann, dass Sie sich Gedanken gemacht und informiert haben, dass Sie ihn bei seiner Arbeit unterstützen und bereit sind, aktiv Ihre Situation zu verbessern. Er wird Sie dann umso lieber unterstützen. Letztlich ist es auch Glückssache, ob Sie bekommen, was Sie wollen. Viel hängt dabei von der richtigen Chemie zwischen Ihnen und Ihrem Berater ab. Wenn diese nicht stimmt, können Sie zu dem direkten Vorgesetzten bzw. Teamleiter Ihres Beraters gehen, den dieser Ihnen auf Wunsch nennen sollte, und freundlich nach der Möglichkeit fragen, zu einem anderen Berater gehen zu dürfen. Sie sollten das nicht verlangen, eigentlich ist ein Wechsel nicht vorgesehen, aber im Einzelfall wird man Ihren Wunsch berücksichtigen.

Weiterbildung und Training – wie bekomme ich, was ich will?

Falsch	Richtig
Dem Berater die Arbeit überlassen.	Vorab klären: Was will ich, wozu bin ich bereit?
Ohne Notwendigkeit (etwa: „keine Lust mehr auf den alten Job") eine Förderung erwarten. Es gibt keinen Rechtsanspruch!	Billigere Alternativen wie Externenprüfung, Trainingsmaßnahme oder einzelne Module überlegen – bessere Chancen auf Förderung!
„Weiterbildung – egal welche." Zertifikate bürgen meist (nicht immer!) für Qualität.	Angebote verschiedener Bildungsträger genau vergleichen, Informationen einholen: Nur eine qualifizierte Maßnahme bringt etwas!

Was tun, wenn das Arbeitsamt nicht fördert?

Nun hat es vielleicht nicht geklappt mit einer gewünschten Förderung. Bevor Sie aber jetzt sauer das Feld räumen und zu Hause auf das Arbeitsamt schimpfen, sollten Sie zunächst einmal weiter nachdenken. Warum wollen Sie eine Weiterbildung oder ein Training machen? Würde eine solche Maßnahme Sie wirklich weiterbringen, z. B. Ihre Chancen auf eine neue Stelle maßgeblich verbessern? Oder war es nur eine Verzweiflungsidee, weil Sie irgendetwas tun möchten, um der Arbeitslosigkeit zu entgehen? Bei der Klärung dieser Frage kann Ihnen auch Ihr persönliches Profil (Sie erinnern sich an den „virtuellen Arbeitsmarkt") weiterhelfen: Vergleichen Sie die Anforderungen von Stellenangeboten, die Ihnen zusagen würden und Ihren Fähigkeiten entsprechen, mit Ihren Angaben – wo kann nachgebessert werden, damit Ihre Chancen auf den gewünschten Job steigen? Sprechen Sie auch darüber nochmals mit Ihrem Arbeitsberater.

Kosten und Finanzierung

Wenn klar ist, dass die Weiterbildung Ihnen wirklich etwas bringt und Sie sie unbedingt machen wollen, sollten Sie zunächst bei verschiedenen Bildungsträgern, die in Frage kommen, Angebote einholen. Da Sie die Weiterbildung bzw. das Training selbst bezahlen, haben Sie jetzt die Wahl zwischen allen Anbietern. Doch natürlich wollen Sie Ihr Geld nicht zum Fenster hinauswerfen und das beste und für Sie geeignetste Angebot finden. Die Kosten für Weiterbildung und Training können sehr unterschiedlich sein. Richten Sie sich nach den Zertifizierungen, da diese für eine gewisse Qualität bürgen, und erkundigen Sie sich unbedingt, ob die Prüfung, die Sie am Ende der Weiterbildung machen, auch staatlich anerkannt ist! Worauf Sie sonst noch achten müssen, haben Sie ja oben schon im Abschnitt zum Thema „Selbst aktiv werden“ (Seite 71) erfahren.

Beispiel: Kosten für ein Training
Bei einer Handwerkskammer bezahlt man etwa für ein Existenzgründerseminar (12 Stunden an 2 Tagen) 40 €, für einen Kurs in „Tabellenkalkulation I: MS-Excel“ (33 Unterrichtsstunden an drei Tagen) 330 €. Ein privater Bildungsanbieter verlangt für einen Grundlagenkurs Excel 2000/XP (Dauer: 1 Tag mit sieben Unterrichtsstunden) 207,64 €. Allerdings sind hier nur maximal acht Teilnehmer pro Kurs zugelassen, was eine bessere Lernatmosphäre verspricht. Ein Englisch-Sprachkurs beim gleichen Anbieter kostet zwischen 420 € (für einfache Sprachkurse) und 500 € (für berufsbezogene Sprachkurse und Konversation) – alle Kurse mit insgesamt 60 Unterrichtsstunden. Zum Vergleich die Preise einer Volkshochschule: 26 Unterrichtsstunden, egal welcher Level, kosten hier insgesamt 72,80 €, wenn über 10 Personen an dem Kurs teilnehmen, sinkt der Preis auf 52 €. Größere Klassen sind natürlich wieder schlecht fürs Lernen und Volkshochschulkurse haben im Allgemeinen nicht den besten Ruf – vielleicht bezahlen Sie bei dem privaten Anbieter aber auch nur sein Image mit? Was da besser ist, kann man sicherlich nur im Einzelfall und nicht pauschal sagen!

Beispiel: Kosten für eine Weiterbildung
Richtig teuer wird es übrigens, wenn Sie eine ganze Ausbildung nachholen wollen: Eine Fortbildung zur Europasekretärin mit insgesamt etwa 4800 Unterrichtsstunden (30 Monate lang Vollzeitunterricht) kostet an dem einen Institut 12 000 €, bei einem

anderen Anbieter 10 400 € – allerdings mit nur etwa der Hälfte an Unterrichtsstunden. Ein berufsbegleitender Intensivlehrgang zum Fachkaufmann Personalfachwesen (Dauer: 4 Monate, ca. 12 Stunden/Woche) schlägt bei einem Anbieter mit 3.000 € zu Buche, bei der Konkurrenz würden Sie für einen sechsmonatigen Kurs (insgesamt 460 Unterrichtsstunden) aber nur 2875 € zahlen. Wenn Sie dann auf den Fachkaufmann noch den Betriebswirt draufsetzen wollen, können Sie z. B. für einen Kurs mit 700 Unterrichtsstunden 3579 € rechnen. In einigen Lehrgängen ist die Prüfung mit den Gebühren dafür übrigens schon eingeschlossen, bei anderen Anbietern müssen Sie diese noch extra machen und bezahlen: Bei den hier vorgestellten Beispielen liegen die Prüfungsgebühren je nach Art des Abschlusses zwischen 260 und 450 €.

Vergleichsweise „billig" kommt es Sie da, Ihren Handwerksmeister zu machen, etwa als Elektrotechniker: Hier zahlen Sie beispielsweise für 760 Unterrichtsstunden Fachtheorie und etwa 80 Stunden Selbstlernen an speziellen Computern 2800 €. Dafür können Sie vom Staat Meisterbafög bekommen.
Info: Zentralverband des Deutschen Handwerks http://www.zdh.de/

Ergebnis: Sie sollten auf alle Fälle genau recherchieren, damit Sie einen möglichst breiten Überblick über die verschiedenen Angebote erhalten. Schauen Sie genau hin! Wie viele Unterrichtsstunden hat der Kurs, wie verteilen sich diese, ist das für mich geeignet? Und beachten Sie auch, dass Unterrichtsstunde nicht gleich Unterrichtsstunde ist: Grundsätzlich geht man von 45 Minuten pro Unterrichtseinheit aus, aber bei einigen Anbietern können es mehr oder weniger sein. Dann sollten Sie sich (ggf. zusammen mit dem Arbeitsberater) geeignete Finanzierungswege überlegen. Gibt es vielleicht Weiterbildungskredite, Meisterbafög oder besondere Sparverträge für die eigene Weiterbildungsvorsorge? Bedenken Sie: Einzelne Module und Trainingsmaßnahmen sind ebenso billiger wie Externenprüfungen, bei denen Sie keine Schulung machen, sondern nur die Prüfung ablegen. Sie können beispielsweise eine Externenprüfung zum Speditionskaufmann machen, wenn Sie als Berufskraftfahrer mindestens sechs Jahre lang in einer Spedition gearbeitet haben und sich so die notwendigen Fachkenntnisse erworben haben – dann lässt Sie die IHK zur Abschlussprüfung zu, auch wenn Sie vorher keinen entsprechenden Kurs gemacht haben. Sie zahlen dann lediglich die Prüfungsgebühr. Im Einzelnen hängt es aber von der Prüfungsordnung für den angestrebten Beruf ab, ob diese preiswerte Methode möglich ist.

Überlegen Sie bei einer Externenprüfung aber genau, ob Sie sich dieses Selbststudium wirklich zutrauen, denn es erfordert viel Selbstdisziplin. Finden Sie heraus, wie hoch die Erfolgsquote ist, denn in manchen Schulungen werden zusätzlich zum Lehrstoff Kniffe vermittelt, ohne die Sie die Prüfung gar nicht bestehen können. Am besten fragen Sie auch hier die Kursteilnehmer (Kontakt wieder über das Schwarze Brett, die „Schule" oder den Arbeitsberater), um ein objektives Bild zu bekommen. Eine absolute Sicherheit gibt es jedoch nicht, letztlich zählt Ihr eigener Wille, die Prüfung zu bestehen.

TIPP

Eine selbst finanzierte Weiterbildung oder Trainingsmaßnahme lohnt sich nur, wenn Sie wirklich davon überzeugt sind, dass sie Ihnen einen neuen Job verschaffen. Erkundigen Sie sich genau nach allen Angeboten, Modulen und Finanzierungsmöglichkeiten.

Was bringt es?

In allen Fällen (Bildungsgutschein, Trainingsmaßnahme, Selbstfinanzierung) gilt: Wenn Sie Zeit, Arbeit und vielleicht auch Geld investieren, um Ihre berufliche Situation zu verbessern, wollen Sie natürlich auch wissen, ob sich der Aufwand lohnt. Die leider wenig befriedigende Antwort: Eigentlich kann Ihnen das niemand wirklich sagen. Es kann sein, dass eine Maßnahme, die 50 Menschen etwas gebracht hat, Ihnen überhaupt nichts bringt und umgekehrt, das hängt von verschiedenen Faktoren wie Ihrer Persönlichkeit, der speziellen Arbeitsmarktsituation, Ihrer Region usw. ab. Immerhin zeigt eine Statistik der BA, dass etwa 60% der Teilnehmer einer Weiterbildung sechs Monate nach Abschluss nicht mehr arbeitslos sind. Zu dieser Gruppe gehören aber nicht nur sozialversicherungspflichtige Beschäftigte, sondern z. B. auch Selbständige. Jüngere Absolventen und besser qualifizierte Kräfte – etwa solche, die einen Berufsabschluss nachholen – haben bessere Chancen, nach einer Maßnahme einen Job zu finden. Bei den Trainingsmaßnahmen sind offenbar solche, die direkt im Betrieb durchgeführt wurden, besonders erfolgreich. Aus der Statistik der BA geht aber nicht hervor, welche Berufe hinterher ausgeübt werden und ob diese etwas mit Weiterbildung oder Training zu tun haben – beachten Sie das bei der Interpretation!
http://www.pub.arbeitsamt.de/hst/services/statistik/detail/f.html

Daher gilt: Bekommen Sie eine finanzielle Förderung und glauben, dass diese Ihre Situation verbessert, sollten Sie diese Möglichkeit auf alle Fälle nutzen. Mit dem Modulsystem können Sie selbst gezielt Einfluss auf Art und Dauer der Weiterbildung nehmen, sie individuell anpassen und brauchen keine Dinge mehr zu lernen, die Sie schon wissen.

Wenn Sie ein konkretes Ziel verfolgen und davon ausgehen können, dass Sie nach einer Weiterbildung oder einem Training einen Job bekommen, etwa in unserem Beispiel mit dem Staplerschein, bringt die Maßnahme auf jeden Fall etwas. Dann ist auch die Chance, gefördert zu werden, entsprechend groß. Und auch wenn Sie auf eigene Faust ins Blaue hinein eine Weiterbildung finanzieren, muss das nicht unbedingt von Misserfolg gekrönt sein. Wenn Ihnen die Weiterbildung zu einem bestimmten Beruf derart wichtig war, stehen die Chancen gut, dass Sie auch hinterher mit dem gleichen Elan eine Stelle suchen. Aber: In keinem Fall kann Ihnen irgendjemand eine Garantie dafür geben, dass es mit dem Job auch wirklich klappt.

Nicht vergessen: Was ich bei Weiterbildungs- und Trainingsmaßnahmen beachten muss

- [ ] Passt die Maßnahme zu mir? Auf welchen Vorkenntnissen baut sie auf?
- [ ] Welche Schulbildung brauche ich? Kann ich die Weiterbildung/das Training vielleicht in kürzerer Zeit machen?
- [ ] Wo bekomme ich Informationen/Adressen, welches ist der richtige Bildungsträger?
- [ ] Was kostet mich die Maßnahme? Wie kann ich das bezahlen? Bekomme ich eine Förderung?
- [ ] Finde ich hinterher leichter einen Job?

Selbständigkeit: Wie das Arbeitsamt hilft

Vielleicht hatten Sie es schon lange vor und wussten nicht so recht, ob und wie. Oder Sie finden auch nach langer Suche keinen Job und sehen ihn als letzten Ausweg – den Schritt in die Selbständigkeit.

Bin ich überhaupt ein „Unternehmertyp"?

Zunächst müssen Sie bei sich selbst anfangen. Als Unternehmer läuft einiges anders als in einer Festanstellung. Machen Sie sich klar, was alles dazugehört:

- *Selbstbewusstsein:* Sie müssen von Ihrer eigenen Idee überzeugt sein und dahinter stehen – nur dann können Sie auch andere überzeugen.
- *Entscheidungsfreude:* Wer die Wahl hat, hat die Qual – keiner sagt Ihnen mehr, was Sie tun sollen.
- *Disziplin:* Sie müssen sich immer wieder selbst zur Arbeit zwingen, auch wenn diese noch so unangenehm ist.
- *Risikobereitschaft:* Sie haben kein geregeltes Einkommen.
- *Durchhaltevermögen:* Gerade, wenn's am Anfang noch nicht so läuft, dürfen Sie nicht ungeduldig werden!
- *Know-how:* Fachlich ist es sinnvoll, wenn Sie in diesem Bereich schon Berufserfahrung oder eine Ausbildung

haben. Betriebswirtschaftlich und juristisch, indem Sie u.a. wissen: Wie fertige ich einen Businessplan, wer sind meine Kunden, wie mache ich Werbung, wie komme ich zu Förderungen oder Krediten, wie sind die Regelungen zu Steuern und Versicherungen?

- *Soziales Umfeld:* Sie brauchen Leute, die an Sie glauben und Sie auch bei Rückschlägen wieder aufmuntern – oder ein ziemlich großes Selbstbewusstsein. Und: Gerade als Ein-Mann-Unternehmen sind Sie eigentlich ziemlich allein. Abhilfe schaffen da Bürogemeinschaften, Treffen mit Unternehmerkollegen, Berufsverbände oder Messen – die natürlich auch gut fürs Geschäft sind.
- *Lernfähigkeit:* Die Bereitschaft, sich ständig weiterzubilden, um auf dem Laufenden zu bleiben, sei es auf fachlichem und technischem Gebiet oder bei neuen Gesetzestexten.

TIPP

Existenzgründung darf nicht der letzte „Notausgang" aus der Arbeitslosigkeit sein. Sie müssen Kunden von Ihrer Idee überzeugen – und dafür müssen Sie selbst davon überzeugt sein.

Auch bei der Gründung sollten Sie einiges beachten. Zunächst: Wie wollen Sie gründen? Im Großen oder Kleinen? Neugründung oder Firmenübernahme? Franchising oder Spin-Off? Als Gewerbe oder in einem freien Beruf? Auch die Rechtsform ist wichtig: Einzelunternehmen, Personen-, oder Kapitalgesellschaft? Was ist der Unterschied zwischen GbR und GmbH oder OHG und AG? Und schließlich: Wie viel

Geld muss ich investieren und finanziere ich die Idee? Ausführliche Antworten auf diese Fragen gibt Ihnen beispielsweise Heft 9 der Schriftenreihe *Beruf, Bildung, Zukunft* zum Thema *Existenzgründung*: Hier finden Sie zahlreiche Checklisten, mit denen Sie herausfinden können, ob Sie zum Unternehmer taugen, ob Sie Freiberufler sind oder ob Franchising das Richtige ist. Darüber hinaus werden Informationen zu allen wichtigen Bereichen der Existenzgründung sowie zu weiteren Förderungs- und Investitionsmöglichkeiten gegeben. Weitere Informationen finden Sie auch direkt bei der BA und auf ihrer Website.

Förderungsmöglichkeiten für Existenzgründer

Als Existenzgründer brauchen Sie Geld, das Sie nicht nur durch Bankkredite, sondern auch vom Staat bekommen können – auf verschiedenen Wegen. Beispielsweise vom Arbeitsamt. Die zwei wichtigsten und bekanntesten Möglichkeiten: das Überbrückungsgeld und der Existenzgründungszuschuss, besser bekannt als Ich-AG. Die Sache hat natürlich ein paar Haken: Man bekommt beides nur, wenn man Arbeitslosensgeld oder -hilfe (ab 2005 Arbeitslosengeld II) bezieht. Die Regelungen dafür finden Sie im Kapitel „Job weg, was nun". Einen Antrag stellen kann auch, wer an einer Maßnahme der BA teilnimmt. Beim Überbrückungsgeld kann man sich gleich im Anschluss an einen Job selbständig machen, ohne zwischendurch arbeitslos gewesen zu sein. Und in beiden Fällen gibt es Geld eigentlich nur, wenn man vor dem Antrag noch nicht selbständig war, weder haupt- noch nebenberuflich. So das Gesetz. Aber es soll Fälle geben, in denen die zuständige Stelle da durchaus ein Auge zugedrückt hat ... Wichtig ist also auch hier das gute

Verhältnis zu Ihrem Vermittler oder Berater. Also denken Sie daran: stets nett und freundlich sein und sich engagiert zeigen. Das alleine garantiert zwar noch kein Entgegenkommen des Arbeitsamtes, aber ebnet den Weg dahin.

TIPP

Sie müssen sich zwischen Überbrückungsgeld oder Existenzgründungszuschuss entscheiden. Beides hat Vor- und Nachteile. Rechnen Sie daher genau aus, was für Sie günstiger ist.

Ein weiterer wichtiger Punkt: Sie können nur entweder Überbrückungsgeld oder einen Existenzgründungszuschuss beantragen. Was günstiger ist, müssen Sie selbst entscheiden. Wenn Sie ein relativ hohes Arbeitslosengeld beziehen und einen hohen Gewinn erwarten, ist das Überbrückungsgeld auf jeden Fall sinnvoller. Vorteilhaft auch: Hier müssen Sie nicht in die staatliche Rentenversicherung einzahlen. Und auch, dass Ihre Geschäftsidee von fachkundiger Stelle nochmals überprüft werden sollte, ist kein Nachteil: Dann wissen Sie wenigstens, dass der Plan tragfähig ist, und haben ein vernünftiges Konzept. Wenn Ihnen das alles zu bürokratisch ist, gefällt Ihnen die Ich-AG wahrscheinlich besser: Schnell das Geld bekommen, keiner guckt Ihnen auf die Finger und wenn Sie im ersten Jahr schon mehr als 25.000 € Gewinn machen, bekommen Sie eben im zweiten Jahr keine Förderung mehr. Der Nachteil: Die staatliche Rentenversicherung, in die Sie einzahlen müssen, frisst einen Teil des Zuschusses schon gleich wieder auf.

In beiden Fällen können Sie, falls Ihre Idee ein Flop war, einfach weiter Arbeitslosengeld- oder -hilfe (bzw. Alg II) beantragen – solange es Ihnen noch zusteht. Der Anspruch darauf verfällt erst vier Jahre nach dem Zeitpunkt der Antragstellung. Das Überbrückungsgeld bietet noch eine andere Möglichkeit: Nach 24 Monaten können Sie mit neuer Geschäftsidee einen neuen Antrag stellen.

Ich-AG und Überbrückungsgeld im Vergleich

	Ich-AG	Überbrückungsgeld
Antrag: Voraussetzungen und Zeitpunkt	Für Bezieher von Alg und Alhi bzw. voraussichtlich ab 1.1.2005 von Alg II. Der Antrag kann erst nach einer (auch kurzen) Zeit der Arbeitslosigkeit gestellt werden. Ein Geschäftsplan muss nicht vorgelegt werden.	Für alle mit Anspruch auf Alg und Alhi bzw. voraussichtlich ab 1.1.2005 auf Alg II. Auch direkt im Anschluss an ein Arbeitsverhältnis möglich. Eine fachkundige Stelle (z. B. IHK) muss die Wirtschaftlichkeit der Geschäftsidee bescheinigen.
Umfang	Mind. 15 Stunden/Woche selbständige Arbeit.	
Arbeitnehmer	Einstellung ohne Einschränkung	
Förderung: Dauer und Höhe	Gefördert wird zunächst ein Jahr mit 600 €/Monat. Bei Gewinn (nicht Umsatz!) bis 25.000 €	Geld gibt's sechs Monate lang, und zwar in Höhe des Algs oder der Alhis bzw. des Algs II,

Ich-AG und Überbrückungsgeld im Vergleich		
	Ich-AG	**Überbrückungsgeld**
	im ersten Jahr gibt's im zweiten Jahr 360 € und im dritten Jahr noch 240 € je Monat, insgesamt max. 14.400 € in drei Jahren.	das der Antragsteller beziehen würde, plus Zuschlag für Sozialversicherung.
Rechtsgrundlage	Rechtsanspruch SGB III 421 I	Rechtsanspruch SGB III § 57
Steuern	Die Höhe orientiert sich, wie bei allen anderen, an Steuersatz und Steuerklasse. Anmeldung für Gewerbetreibende beim Gewerbeamt, für Freiberufler reicht formloses Beantragen einer Steuernummer beim Finanzamt. Wie bei „normalen" Selbständigen auch gibt es Möglichkeiten der steuerlichen Abschreibung.	
a) Krankenversicherung b) Rentenversicherung	a) freiwillig gesetzliche oder private Kasse b) Einzahlpflicht	a) Freiwillige Krankenversicherung in einer gesetzlichen Kasse oder Privatversicherung b) Keine Pflicht

Neben Existenzgründungszuschuss und dem Überbrückungsgeld gibt es noch weitere Hilfen der BA, die man auch bekommen kann, wenn man keinen Anspruch auf die Zuschüsse hat: Beratung und Informationen z.B. um mit Hilfe des eigenen Profils herauszufinden, ob man sich eine Selbständigkeit überhaupt zutraut.

Dann es gibt viele weitere Fragen: Ist die Geschäftsidee tragbar, wie erstellen Sie eine Marktanalyse und ein Konzept oder wie sieht das mit Steuern und Versicherungen aus? Mit solchen Details sind die Mitarbeiter der BA oft überfordert, aber können Sie immerhin mit vielen weiteren Informationen versorgen, von entsprechenden Literaturempfehlungen über Hinweise auf Websites bis zu Adressen von Existenzgründungsbüros. Auch die Datenbank *KURS* bietet dazu zahlreiche Weiterbildungs- und Trainingsmaßnahmen, die unter bestimmten Bedingungen gefördert werden (lesen Sie Genaueres im Kapitel „Weiterbildung und Training“). In München gründeten z.B. Arbeitsamt und die Gemeinnützige Gesellschaft für Gründungsberatung 1996 das Büro für Existenzgründung (BfE). Hier haben alle – und nicht nur solche mit Anspruch auf Leistungen des Arbeitsamtes – die Möglichkeit, kostenlos in Seminaren und Beratungen das nötige Know-how zu erwerben. Und auch nach der Gründung können die Unternehmer Vorträge von Fachleuten besuchen und über das BfE wichtige Netzwerke aufbauen (*http://www.bfe.muenchen.de*).

Eine Warnung: Existenzgründungsberater sind keine Motivationstrainer. Eine tolle Geschäftsidee alleine reicht nicht aus. Das werden Ihnen die Berater klar machen, wenn Sie überprüfen, ob Ihr Konzept markttauglich ist. Da bleibt Frust nicht aus. Zwar muss Sie das nicht abhalten, aber im Münchener BfE begraben gut die Hälfte der Seminarteilnehmer die Idee von der eigenen Firma zunächst wieder, wenn sie wissen, was auf sie zukommen kann. Aber der Erfolg spricht für das BfE: Mehr als 80% aller hier betreuten Unternehmen existieren noch. Gute Beratung und viel Information macht also Sinn. Erkundigen Sie sich, welche Informations- und Beratungsmöglichkeiten Ihr Arbeitsamt anbietet.

TIPP Selbständigkeit muss nicht immer auch Neugründung heißen: Etwa 80.000 kleinere und mittelständische Firmen werden in Deutschland jährlich übernommen. Weitere suchen Nachfolger.*http://www.nexxt.org*

Es gibt noch viele weitere Geldmittel: Förderungen des Bundes und der Länder oder nach dem Europäischen Sozialfonds. Die Hilfen reichen von günstigen Darlehen über nicht rückzahlbare Zuschüsse bis zu Coaches, die den Unternehmer während und nach der Gründung betreuen. Oft werden die Mittel auch für bestimmte Zwecke oder Berufsgruppen bereitgestellt, z. B. für Frauen, Handwerker, mittelständische Unternehmen usw. Darüber hinaus gibt es zahlreiche Initiativen und Netzwerke, die Existenzgründer kostenlos oder für wenig Geld nutzen können. So genannte „Business-Angels“ z. B. beteiligen sich mit privatem Kapital und Knowhow. Wer von seiner Idee sehr überzeugt ist, kann sie auch bei einem Business-Plan-Wettbewerb einreichen. Und wer Mitarbeiter einstellen will, kann beim Arbeitsamt Mittel zu beruflichen Eingliederung von Arbeitnehmern beantragen – dazu müssen zur Abwechslung mal nicht Sie arbeitslos gewesen sein, sondern Ihr Angestellter. Weitere Informationen zu allen Möglichkeiten bekommen Sie u. a. bei der BA.

Was sollte ich beachten, wenn ich mich selbständig mache?	
Falsch	Richtig
Die Dinge einfach laufen lassen nach dem Motto: „Mal sehen, ob's klappt."	Konzept – Idee, Finanzplan, Geschäftsstrategie – ausarbeiten.
Mangelnde Information – wer sich z. B. nicht über Buchhaltung und Steuergesetze informiert, verschenkt Geld.	Sich über Regelungen und Möglichkeiten Informieren und ggf. kompetente Beratung suchen.
Alles anderen überlassen – als eigener Chef sind Sie auch auf sich gestellt.	Hohes Maß an Eigeninitative.
Sich von Neidhammeln ins Bockshorn jagen lassen – als Unternehmer brauchen Sie ein dickes Fell!	Großes Selbstbewusstsein, das hilft, Schwierigkeiten zu überwinden.

Mehr zum Thema Existenzgründung

- Broschüre „Hinweise und Hilfen zur Existenzgründung. Ein Wegweiser für den Schritt in die Selbständigkeit".
- Schriftenreihe „Ihre berufliche Zukunft" (IBZ), Heft 9, „Existenzgründung".
- Weitere Förderungsmöglichkeiten im Überblick: *http://www.bmwi.de*
- Tipps und Informationen zu Gründungshilfen: http://www.dta.de
- Initiativen und Netzwerke: http://www.business-angels.de; http://www.ses-bonn.de;
- Business-Plan-Wettbewerbe im Überblick: http://www.fgf-ev.de

Die Zahl der Websites zum Thema Existenzgründung und zu allem, was damit zusammenhängt, ist mehr als unübersichtlich. Hier eine Auswahl, die Sie wiederum zu weiteren interessanten Internetauftritten führen kann:

- http://www.existenzgruenderpool.de
- http://www.focus.de/existenzgruendung
- http://www.franchise-berater.de
- http://www.gruenderstadt.de
- http://www.ihk.de
- http://www.ifhkoeln.de
- http://www.mittelstanddirekt.de
- http://www.start-messe.de
- http://www.wtt.uni-erlangen.de

Nicht vergessen: Was muss ich vor einer Existenzgründung wissen?

TIPP

- Was will ich machen und warum?
- Bin ich ein „Unternehmertyp"?
- Steht mein soziales Umfeld hinter mir?
- Bin ich von meiner Idee wirklich überzeugt?
- Ist das Konzept markttauglich?
- Habe ich die entsprechenden Fähigkeiten und Vorkenntnisse?
- Brauche ich Beratung und, wenn ja, wo finde ich sie?
- Wie will ich gründen (Neugründung, Übernahme usw.)?
- Welche Rechtsform ist die richtige?
- Wie kann ich die Idee finanzieren?
- Gibt es Förderungsmöglichkeiten?

Ein paar Tipps zu Schluss

Starker Tobak, den Sie jetzt schlucken müssen, wenn Sie mit dem Arbeitsamt zu tun haben. Aber so schlimm, wie es auf den ersten Blick aussieht, ist es vielleicht gar nicht, denn hier sitzen auch nur Menschen und keine Gesetzesmaschinen – und Menschen lassen auch mal mit sich reden. Beherzigen Sie dazu ein paar Tipps:

Unfreundliche Sachbearbeiter, Vermittler oder Berater?

Lassen Sie sich nicht abschrecken! Nur weil einer oder einige wenige Sie nicht freundlich lächelnd begrüßen, müssen nicht alle so sein. Überall gibt es engagierte (die Ihnen helfen wollen) und weniger engagierte Menschen. Kommen Sie nicht mit der Einstellung „Die sind ja alle so furchtbar“ zum Arbeitsamt, sondern bemühen Sie sich um eine unvoreingenommene Meinung – denn: Wie man in den Wald hineinschreit, so schallt es heraus.

Wirkung ist alles!

Tatsächlich: Es kommt darauf an, wie Sie auf andere wirken – beim Arbeitsamt wie auch bei Ihrem zukünftigen Arbeitgeber. Das fängt schon bei der äußeren Erscheinung an: gepflegte Haut, Haare, Fingernägel, ordentliche Kleidung. Aber auch die innere Einstellung ist wichtig: Versuchen Sie, positiv zu denken (auch wenn's schwer fällt), und zeigen Sie sich aktiv bei der Jobsuche und interessiert an den Vermittlungsversuchen des Arbeitsamtes. Auch wenn Sie keine Lust auf den Job haben – tun Sie zumindest interessiert. Denn: Wenn man beim Arbeitsamt merkt (oder denkt), dass Sie bemüht sind, wird man viel besser von Ihnen denken – und vielleicht drückt dann *Ihr* Vermittler oder Berater das eine oder andere Auge zu, wenn es um Ermessensfragen wie Weiterbildungen oder zumutbare Jobs geht. Eine Garantie gibt es dafür aber natürlich nicht.

So viele Auflagen und Pflichten – die machen mit einem, was sie wollen!

Nein! *Sie* machen immer noch, was *Sie* wollen. Wenn Sie also keinen Bock mehr haben, sich durch die neuen Gesetze gängeln zu lassen, dann überlegen Sie doch mal konsequent: Welche Alternativen gibt es zum Arbeitsamt? Irgendeinen Job, Selbständigkeit, Auswandern? Und wenn es für Sie keine Alternative gibt, dann ist das auch eine Entscheidung – nämlich *Ihre* Entscheidung. Und in beiden Fällen dürfen Sie mit den Konsequenzen *Ihrer* Entscheidung leben – nämlich: kein Geld vom Arbeitsamt oder Geld und die zahlreichen Auflagen. Aber: Es ist *Ihre* Entscheidung – und diese Überlegung bringt Ihnen vielleicht etwas mehr Selbstbewusstsein.

Nicht aufgeben!

Wenn Sie sich selbst um einen neuen Job bemühen und sich nicht aufgeben, tun Sie das nicht nur fürs Arbeitsamt und um die Zumutbarkeitsregelungen zu umgehen. Auch Sie selbst werden davon profitieren: Sie machen Erfahrungen und Ihr Selbstbewusstsein wird wachsen. Und auch wenn Sie hinterher nur eine Stelle finden, für die Sie überqualifiziert sind: Sie werden sich besser fühlen, wenn Sie Ihr eigenes Geld verdienen.

Informationen auf der Website der BA

Eine wichtige Sache vorweg: Die Seite wirkt auf den ersten Blick recht übersichtlich, aber ein vernünftiges Navigieren kann schnell zu einem recht komplizierten Unterfangen werden. Die Seite ist gut besucht, deshalb kommen Sie manchmal im ersten Anlauf nicht gleich weiter – geben Sie die gewünschte Adresse dann einfach nochmals ein oder drücken Sie auf Return (auch das ggf. mehrmals versuchen) oder wieder auf den Link. Außerdem waren einige Bereiche der Site noch nicht gänzlich fertiggestellt, als dieses Buch abgeschlossen wurde – daher kann es sein, dass Ihnen einige Hinweise nicht mehr weiterhelfen.

Schön ist hingegen, dass Sie gleich auf der ersten Seite unübersehbar eine Suchfunktion vorfinden, die auch erhalten bleibt, wenn Sie sich dann durch den Internetauftritt klicken. Achtung: Über diese Suchfunktion können Sie Informationen finden, aber keine Stellen. Positiv ist daran, dass Sie Wörter in allen möglichen Variationen eingeben können, etwa *ich ag, ICH-AG, Ich-AG* usw. Weniger positiv ist das Sucherergebnis, das man dann bekommt: Der Suchroboter hat nämlich nicht nur die Website der BA, sondern auch aller Dienststellen durchkämmt und bringt nun Hunderte von Ergebnissen über Ich-AGs in Flensburg, München und an vielen anderen Orten der Republik – und irgendwo dazwischen die Informationen, die man sucht – nämlich: Wie gründe ich eigentlich eine Ich-AG?

Daher: Versuchen Sie es zunächst besser nicht mit der Suchfunktion, sondern schauen Sie auf die Mitte der Site. Hier gibt es verschiedene Bereiche nach Zielgruppen geordnet. Der Bereich *Arbeitgeber* braucht Sie nicht zu interessieren, die Abteilung für *Arbeitnehmer, Arbeits- und Ausbildungsplatzsuchende* umso mehr: Stellenangebote suchen können Sie ganz einfach, indem Sie die *Berufsbezeichnung* und die *Art der Nachfrage* (*Stelle, Ausbildung, Job* oder *Praktikum*) eingeben und das ggf. durch einen Postleitzahlenbereich eingrenzen. Zu Ihrem *Bewerberprofil* gelangen Sie aber nur, wenn Sie sich registriert haben (links oben auf der Seite im roten Balken – mehr zur Registrierung im Abschnitt zum *virtuellen Arbeitsmarkt* auf Seite 40). Besonders wichtig sind hingegen die *Informationen* – u. a. zum Thema *Geldleistungen, Berufliche Neuorientierung* oder *Internationales*. Wenn Sie zur Berufsberatung gehen oder eine Ausbildung machen wollen, ist der Bereich *Ausbildung/Berufs- und Studienwahl* für Sie richtig.

Die besten Chancen, das zu finden, was Sie suchen, haben Sie allerdings über den Bereich *Service von A-Z*. Wenn Sie direkt zur Datenbank *KURS* oder zum *BERUFEnet* wollen, klicken Sie am besten direkt auf den entsprechenden Link. *Arbeitsmarkt- und Berufsforschung (IAB)* bringt Sie zur Forschungseinrichtung der BA – vielleicht später? Über den Link *Berufliche Qualifizierung* kommen Sie zu den Informationen über Aus- und Weiterbildung sowie Trainingsmaßnahmen und zu *KURS*. Der Link *Presse und Statistik* leitet Sie zum statistischen Material der BA – hier gibt es Hintergrundmaterial zum Arbeitsmarkt, nach Regionen und Monaten sortiert. Statistiken zu speziellen Themen (etwa Weiterbildung) erreichen Sie über *Detaillierte Informationen. Veröffentlichung* ist der wichtigste Link für Sie, um weitere Informationen zu finden: Print- und audiovisuelle Medien, Gesetzestexte oder Merkblätter der BA, die detaillierte Informationen zu den Regelungen des Arbeitsamtes enthalten. Benutzen Sie ggf. die Suchfunktion oder geben Sie gleich http://62.8.219.9/bapub/publikationen.jsp ein. Der Link führt zum Publikationsverzeichnis der BA.

Wenn Sie übrigens auf *Service von A-Z* klicken, finden Sie noch einige weitere Informationen. Klicken Sie am besten gleich rechts auf *Link und Detailliste).* Auf der linken Seite finden Sie nun übersichtlich sortiert:

- *Beratung und Berufswahl*: Hier geht es zum Bereich der Berufsberatung.
- *Bundesagentur für Arbeit intern*: Hier geht es um die Struktur und Organisation der BA – wenn Sie nur schauen wollen, was *Sie* von der BA bekommen können, nicht wirklich interessant.
- *Fachdienste*: Hier wird es ganz speziell – darunter finden Sie etwa den psychologischen oder ärztlichen Dienst.
- *Geldleistungen*: Hier steht alles, was Ihr Geldbeutel begehrt, ob Alg, Alhi oder Existenzgründungszuschuss. Unter Vermittlungshilfen finden Sie z. B. Informationen zu Mobilitäts- und Arbeitnehmerbeihilfen, Bewerbungskostenzuschüssen und Vermittlungsgutscheinen.
- *Vermittlung*: Hier finden Sie alles, was damit zusammenhängt.

Anmerkungen

1 Die gesetzlichen Veränderungen im Sozialgesetzbuch können Sie auch selbst nachlesen. Website der BA: *https://www.arbeitsagentur.de/vam/?content=/content/supertemplates/Content.jsp&navId=30091.* Website des Bundesministeriums für Gesundheit und Soziale Sicherung: *http://www.bmgs.bund.de/download/gesetze_web/gesetze.htm*
Website mit Gesetztestext des SGB III, in dem die Änderungen markiert sind: *http://www.olaf-nensel.de/sgbiii/aktuell.html#a2*
Die so genannten Hartz-Papiere, die für die Veränderungen in der BA verantwortlich sind, finden Sie auf der Website des Bundesministeriums für Wirtschaft und Arbeit unter der Rubrik „Moderne Dienstleistungen am Arbeitsmarkt": *http://www.bmwi.de/Navigation/Arbeit/arbeitsmarktpolitik.html* oder auf der Website der BA: *https://www.arbeitsagentur.de/vam/?content=/content/supertemplates/Content.jsp&navId=24541."*
(Aus: *Monatsheft „Förderung der beruflichen Weiterbildung" (FbW), der Heftreihe „Arbeitsmarkt in Zahlen" der Bundesanstalt für Arbeit, Ausgabe September 2003.*)

Wichtige Abkürzungen

AA	Arbeitsamt bzw. Agentur für Arbeit
BA	Bisher die Abkürzung für die Bundesanstalt für Arbeit, die nun Bundesagentur heißt
BIZ	Berufsinformationszentrum – der Bereich für Selbstinformation und Computer, in jedem Arbeitsamt zu finden.
Alg	Arbeitslosengeld (oder auch Alg I zur Unterscheidung vom Alg II ab 1.1.2005)
Alg II	Arbeitslosengeld II, das ab 1.1.2005 die Sozialhilfe und die Alhi vereint
Alhi	Arbeitslosenhilfe
ABM	Arbeitsbeschaffungsmaßnahmen
SAM	Strukturanpassungsmaßnahmen
PSA	Personal-Service-Agenturen
SGB	Sozialgesetzbuch. Die römische Zahl gibt die Bandnummer an.
IHK	Industrie- und Handelskammer